中国农村小额信贷发展路径研究

THE PATH OF SUSTAINABLE MICROFINANCE
DEVELOPMENT IN RURAL CHINA

王 填 著

中国金融出版社

责任编辑：李　融
责任校对：孙　蕊
责任印制：程　颖

图书在版编目（CIP）数据

中国农村小额信贷发展路径研究（Zhongguo Nongcun Xiaoe Xindai Fazhan Lujing Yanjiu）／王瑱著．—北京：中国金融出版社，2015.10
ISBN 978 - 7 - 5049 - 8140 - 0

Ⅰ.①中…　Ⅱ.①王…　Ⅲ.①农业信贷—贷款管理—研究—中国
Ⅳ.①F832.43

中国版本图书馆 CIP 数据核字（2015）第 228934 号

出版
发行　**中国金融出版社**

社址　北京市丰台区益泽路 2 号
市场开发部　（010）63266347，63805472，63439533（传真）
网 上 书 店　http://www.chinafph.com
　　　　　　　（010）63286832，63365686（传真）
读者服务部　（010）66070833，62568380
邮编　100071
经销　新华书店
印刷　北京松源印刷有限公司
尺寸　169 毫米×239 毫米
印张　10
字数　138 千
版次　2015 年 10 月第 1 版
印次　2015 年 10 月第 1 次印刷
定价　25.00 元
ISBN 978 - 7 - 5049 - 8140 - 0/F.7700
如出现印装错误本社负责调换　联系电话（010）63263947

前　言

　　我国是世界上最大的发展中国家，13 亿人口中有 8 亿左右生活在农村地区。改革开放以来，我国农村经历了一系列改革，发生了翻天覆地的变化。农业基础地位不断巩固，农业生产持续发展，农村经济和社会面貌得到极大的改善，农民生活水平不断提高，农业和农村发展进入一个新阶段。金融作为现代经济的核心，在建设现代化农业、促进农村经济发展方面具有重要作用。农村金融体系作为我国金融体系的重要组成部分，是支持和服务"三农"的重要力量。在农业农村发展的新阶段，"三农"问题的解决，农业现代化和农村社会经济发展都有赖于现代有效农村金融体系的支持。

　　历史经验表明，与土地制度一样，农村金融服务对于农村经济发展和农村扶贫至关重要。在发展农村中小企业和微型经济活动中，在促进农村劳动力从传统农业向农副产品加工业以及非农产业转移中，农村金融都发挥着不可或缺的关键作用。因此，2004 年以来历年的中央一号文件，多次要求推动农村金融改革和创新并改善农村金融服务，2007 年 2 月召开的全国金融工作会议明确要求加快建立健全"适应'三农'特点的、多层次、广覆盖、可持续的农村金融体系"。

　　近几年，我国金融改革各项工作稳步推进，金融服务水平不断提高。但总体来说，我国的农村金融体制仍不完善，与国际比较仍有较大的差距，农村金融的实际运行，与我国整体快速发展的金融业相比，相对缓慢。农村金融服务不足，农村资金外流严重，所以金融业除了做好高端客户的服务，与国际金融业进行竞争之外，在国内还需要面向大量低收入群体和普通客户，为他们提供金融服务。建设社会主义新农村，必然要求进一步开放农村金融市场，在农村地区一方面要调整放宽金融机构

1

中国农村小额信贷发展路径研究

准入政策，培育由多种资本投资的多种类型的微型金融服务机构，另一方面要通过鼓励金融产品创新来满足农村地区居民多样性的金融服务需求，同时要建立有效的监管框架及政策协调机制。

小额信贷作为一种被实践证明了的有效的减贫手段，一种促进金融创新的重要工具，近年来受到广泛关注。在我国发展小额信贷，与推动农村金融改革，培育"适度竞争的农村金融市场体系"密切相关，是"在有效防范风险的条件下"，面向多种资本，逐步开放农村金融市场的战略选择。

小额信贷在我国产生发展的历史源于 20 多年前扶贫性小额信贷的尝试。经历了非政府组织（NGO）援助和政府出资的扶贫性小额信贷快速发展的 10 年过程后，中国的小额信贷行业进入发展瓶颈期，扶贫性小额信贷无论是从覆盖面还是自身的可持续发展能力方面都遇到了挑战。在这种情况下，从 1999 年开始，农村信用社开始开办小额信用贷款和联保贷款，从一个商业机构可持续发展要求出发，开始探索建立在中国覆盖范围最广的商业性小额信贷模式。自那时起，大多数农户不仅知晓小额贷款，而且逐步成为小额贷款的受益者。近年来，放宽农村金融机构准入，鼓励更多资金流向农村，为农民的金融需求引入更多有效供给主体，开始"只贷不存"小额信贷机构的试点，设立村镇银行和资金互助组织，一些新型农村金融组织形式不断涌现，各类农村金融机构正在从创新角度尝试将更多的金融服务送到农村千家万户。

随着我国农村地区经济社会不断发展，作为小额信贷客户主体的广大农户对资金需求的情况也不断发生变化。而各主要商业性金融机构提供的小额信贷服务无论是从产品设计还是贷款管理机制等方面都没有发生明显变化，贷款管理流程僵化，信贷产品不符合农户实际需求等问题越来越突出地显现出来。这些问题带来的直接结果就是广大农户信贷需求的实际满足程度不高，信贷服务覆盖面在达到一定程度后很难进一步扩展，而与此相对应，从提供服务的机构来看，由于信贷业务的拓展越来越难，其边际成本不断提高，因此实现机构可持续发展的难度就越来越大。

面对小额信贷领域遇到的这些问题，本书拟在吸收借鉴农村金融和小额信贷领域大量研究成果基础上，通过运用大面板的数据对小额信贷客户主体的农户金融需求特征研究进行实证分析，结合对小额信贷行业各供给主体服务情况的分析，对当前主要机构小额信贷运行的绩效和对经济影响效应进行评价，进而提出在我国推进商业性小额信贷可持续发展的可能路径。本书的叙述逻辑安排如下：

第 1 章为导论，是对选题的论证以及整体研究思路的描述和研究对象的界定。本章确定了总体研究框架，并简单介绍了结构层次安排。

第 2 章是文献综述，从小额信贷产生发展的渊源介绍和评述了相关的三方面理论。包括作为小额信贷产生发展基础的农村金融发展理论、小额信贷自身产生发展过程中形成的理论逻辑基础，以及与小额信贷发展密切相关的农户借贷行为的相关理论。从小额信贷发展的宏观层面、自身层面和微观层面对现有的理论研究进行了梳理和分析，并在此基础上找到与之前研究有所区别的切入点，开展本书的研究。

第 3 章是小额信贷发展机理的理论分析。在对小额信贷产生发展的经济金融条件进行分析后，从制度经济学角度出发，通过运用供求曲线分析工具，对小额信贷行业的供求状况进行分析，从经济学原理上阐述了小额信贷产生发展的必要性和必然性。在对小额信贷发展一般情况的研究基础上，结合中国农村地区经济社会特点基本情况，对我国商业性小额信贷产生发展的经济学原理进行了进一步分析。

第 4 章是对小额信贷发展实践的考察。在前一章理论分析之后，本章是对小额信贷实际发展情况的描述和分析。通过对国际上成熟小额信贷的发展路径、运行机制以及未来发展趋势的分析，描绘出一幅小额信贷发展的一般路径图。在对中国小额信贷实际发展情况进行归纳总结的基础上，将我国小额信贷与国际上一般小额信贷发展进行全面比较分析，得出我国的小额信贷要遵循与一般模式有所差别的发展路径的结论。

第 5 章是现阶段我国农户小额信贷需求分析。要对我国小额信贷发展情况进行研究的前提是充分了解小额信贷供求主体的基本情况，本章即是研究作为小额信贷服务主要对象的农户的信贷需求特征。此部分从理论和实证两个角度对当前农村地区信贷主体——农户的基本经济和金融需求特点进行了全面分析。通过运用2万户问卷调查的结果①，用二元选择的计量方法对农户借贷行为影响因素进行分析，以此了解在小额信贷服务提供中哪些因素影响了农户最终信贷意愿的表达和信贷获得。通过对需求方的全面了解以找到当前小额信贷服务的重点和方向。

第6章是小额信贷供给分析。这一章是与第5章需求相对应的供给分析。通过对当前农村金融市场上提供小额信贷的不同机构的特点和服务情况的分析研究，从供给角度找到小额信贷服务的问题所在，并通过对不同机构小额信贷情况的比较，对各类机构的服务效率进行初步评价。

第7章是主要机构小额信贷绩效评价与业务比较。选取当前主要两类小额信贷机构——农村信用社和小额贷款公司，从对农户服务、对整个农村金融改革、对机构自身发展和对当地经济发展影响等几个方面对两类机构进行评价和比较，通过对比得出，产生自民间的小额贷款公司比农村信用社在小额信贷服务领域具有更强的可持续发展能力。

第8章是小额信贷可持续发展的路径选择。在前面理论和实际分析的基础上，得出内生性是小额信贷可持续发展的重要前提。通过对小额信贷领域的服务机构进行分类，提出了各自不同的实现可持续发展的路径，并以此为基础进一步提出了在农村地区建立一个多层次、可持续的小额信贷市场的发展前景，并提出了促进这个小额信贷市场尽快发展完善的制度保障和外部环境。

---

① 2007年，中国人民银行联合国家统计局在全国范围内开展了针对农户借贷需求的专项问卷调查，此次问卷调查涉及全国10个省（区），共抽选263个县、2 004个村、20 040户，获取20 040农户的有效样本。本书中实证分析涉及数据大部分来源于此调查。公开数据详见中国人民银行农户借贷情况问卷调查分析小组：《农户借贷情况问卷调查分析报告》，经济科学出版社，2009。

目　　录

3

第 1 章 导　　论

改革开放 30 多年，中国经济经历了"增量改革、双轨运行和体制替代"的转型过程，宏观经济实现了持续快速的增长。到 2014 年底，国内生产总值突破 63 万亿元，人均 GDP 按照最新汇率计算达到约 7 500 美元。但是迅速积累的经济资源和社会财富并没有被所有社会成员公平分享，经济发展和体制转型中形成了一部分相对弱势群体，一些社会成员和群体"被排斥在经济增长的轨道之外"。最为突出的就是占全国近 3/4 的农村人口，他们或者生活在农村地区或者离开农村在城市打工生存。在经济快速增长的情况下，他们生活水平随之得到提高，但贫富差距的拉大使得他们相对变得更加贫困。如何改变这种情况，使这部分人群更好地享受到经济增长带来的实惠，是中国政府近年来一直高度关注的问题。

2005 年 10 月召开的十六届五中全会提出了推进社会主义新农村建设的历史任务。当年 12 月召开的中央农村工作会议强调，建设社会主义新农村，必须坚持农村的基本经济制度，坚持多予、少取、放活，特别是要在多予上下工夫，真正实行工业反哺农业、城市支持农村的方针，全面推进农村的发展。在此背景下，2008 年中央一号文件进一步要求"建立以工促农、以城带乡长效机制，形成城乡经济社会发展一体化新格局"，以"推动科学发展，促进社会和谐，夺取全面建设小康社会新胜利"。社会主义新农村建设的推进，对保持农村长期稳定，缩小城乡贫富差距，构建社会主义和谐社会意义重大。

近年来，随着我国城市地区社会经济的快速发展，我国城市与农村之间、现代工商业部门与传统农业部门之间的"二元经济"格局变得更加突出。亚洲开发银行 2007 年 8 月的一项研究估计，我国的基尼系数在

中国农村小额信贷发展路径研究

2004 年已达 0.47，接近拉美的水平，在亚洲各国位居前列；而将城镇地区和农村地区分开来并单独计算的基尼系数则低于同期主要发达国家的水平，这说明我国目前收入分配不均主要表现为城乡居民收入悬殊。实际上，近年来我国城镇居民人均可支配收入和农民人均纯收入的相对和绝对差距都在不断扩大，二者之比在 2012 年达到 3.1:1 的水平，绝对差距则达到 16 648 元。而新农村建设有利于惠农和缩小城乡差距，解决我国深层次经济结构问题。一方面，随着社会主义新农村建设步伐的推进，各项政策逐步实施，必然有利于逐步提高农民收入水平、增进农民福祉、保障农民生存权和发展权，并逐步缩小城乡收入差距，这符合科学发展观有关统筹兼顾和全面协调可持续发展的内涵和要求。另一方面，农村经济的发展和农民收入水平的提高，也必然有利于我国经济深层次结构调整问题的解决，有利于保证我国宏观经济整体良性循环，并在长期中健康运行和可持续发展。

历史经验表明，与土地制度一样，农村金融服务对于农村经济发展和农村扶贫至关重要。在发展农村中小企业和微型经济活动中，在促进农村劳动力从传统农业向农副产品加工业以及非农产业转移中，农村金融都发挥着不可或缺的关键作用。因此，2004 年以来历年的中央一号文件，多次要求推动农村金融改革和创新并改善农村金融服务，2007 年 2 月召开的全国金融工作会议明确要求加快建立健全"适应'三农'特点的、多层次、广覆盖、可持续的农村金融体系"①。2013 年 11 月，党的十八届三中全会通过《中共中央关于全面深化改革若干重大问题的决定》，提出"发展普惠金融，鼓励金融创新，丰富金融市场层次和产品。"普惠金融的发展对推进农村地区经济和社会发展具有重要作用。

尽管近年来我国农村金融服务已大幅改善，但农村金融仍是我国金融体系中的薄弱环节，存在不少的困难和问题。由于农村金融机构服务对象主要是分散的、小规模生产的农户和农村的中小企业，其金融需求具有数额小、期限短、缺少抵押担保等特点，加之借贷双方的信息渠道

---

① 摘自第二次全国金融工作会议材料。

不尽完善，农村地区金融服务的交易成本要远远高于城市金融。同时，农业生产的特点又是受自然风险影响较大，"靠天吃饭"的状态没有根本改变，使得农村金融机构的运作风险较高。

小额信贷作为一种被实践证明的有效的减贫手段，一种促进金融创新的重要工具，近年来受到广泛关注。在我国发展小额信贷，与推动农村金融改革，培育"适度竞争的农村金融市场体系"密切相关，是"在有效防范风险的条件下"，面向多种资本，逐步开放农村金融市场的战略选择，构建一个包括多种形式的小额信贷在内的"小额信贷网络"具有重大的战略意义。一方面，发展多种形式小额信贷组织和业务，是以增量竞争推动存量改革，在农村金融市场引入竞争机制的重要手段，在改造农村信用社的同时，面向民间资本和国际资本开放农村金融市场，允许其进入农村，发挥"鲇鱼效应"作用，可以从整体上提高农村金融服务的效率和水平。另一方面，目前我国拥有相当充足的国民储蓄和金融资源，巨额资金沉淀在银行系统，宏观意义上的投资效率比较低，同时，广大农村地区又普遍存在资金和投资不足的问题，农村基础设施建设和生产生活都迫切需要大量资金的注入。通过市场化改革，培育和发展多种形式的小额信贷，建立一个开放并适度竞争的农村金融市场，可以将我国庞大的国民储蓄和农村金融需求连接起来，使金融资源在有效控制风险的前提下，通过金融渠道源源不断地流入农村地区。从这个意义上讲，培育和发展多种形式的小额信贷，发展中国的小额信贷产业，是推动社会主义新农村建设，构建和谐社会的必然战略选择。

在这一背景下，近年来，我国政府高度重视农村金融改革，并在多个重要场合提出"在农村地区加快发展多种形式的小额信贷"。一系列支持小额信贷发展的中央指导性精神和重要文件，对发展相对缓慢的中国小额信贷和小额信贷组织起到重要推动作用，使得此前相当长一段时间内小额信贷领域的政策和法律真空状态发生了根本性的改变。2004年以来，农村地区小额信贷发展明显提速。农村信用社小额信贷业务改革、专门的小额信贷公司的成立、村镇银行等专职小额信贷业务的新型农村金融机构的成立，以及农业银行、邮政储蓄银行以小额信贷业务为契机

中国农村小额信贷发展路径研究

回归农村的改革，使得小额信贷在越来越广泛的领域得到大家的认识和理解，为其更好地可持续发展奠定了良好的基础。

要对我国农村小额信贷发展进行研究的前提是充分了解农村地区小额信贷供求主体的基本情况。在我国农村地区，农户是经济行为的主体，农户不仅是农村金融产品的需求方，同时也是民间借贷活动中的资金供给方，研究作为小额信贷服务对象的农户的信贷需求特征和金融服务的基本供给情况，是促进小额信贷发展，改善当前服务水平的重要前提。

本书研究的核心问题是，在中国农村选择一条怎样的小额信贷发展之路，使得其在传统农业向现代农业转变过程中既能发挥积极的金融支持作用，同时也能探索出一套自身可持续发展的有效运作模式。本文从小额信贷产生发展的理论和实践两个角度对此问题进行了深入研究。理论方面，通过对小额信贷发展机理的研究，阐述了在农村金融市场上同时存在"政府失灵"和"市场失灵"的情况下，如何通过发展商业性小额信贷，从技术和机制等方面，在一定程度上解决缺少抵押担保的农户的贷款难问题。实践方面，通过对小额信贷国际先进经验的研究分析，对我国农村地区农户小额信贷需求特点进行分析，并结合现有各类金融机构的小额信贷供给情况的总结，对当前小额信贷运行的绩效和对经济影响效应进行评价。在此基础上，创新提出了在我国农村地区发展小额信贷的可能路径及相关政策建议。

第 2 章　农村金融和小额信贷发展理论

本章是本书研究的理论基础。根据研究主题及涉及的相关问题，将文献研究划分为三个主要部分，即广义上的农村金融发展理论、小额信贷发展理论以及与发展小额信贷密切相关的农户借贷行为理论。本章分别分析上述三个部分的主要代表理论和近期的研究成果，在理论研究综述的基础上，找到本研究的切入点。

2.1　农村金融发展理论

金融是现代经济的核心，金融在经济发展中的作用经历了从被排除在外到被忽视到逐渐被重视的过程。农村金融作为整个金融的重要组成部分，是促进农村和农业发展的重要力量，一直以来都受到各方面的重视。其理论发展也经历了从政府干预论为主到以市场调节论为主再到市场和政府共同发挥作用的综合论为主的不同阶段。

2.1.1　金融发展理论

金融发展理论是研究金融发展与经济增长关系的理论，它阐述了各类金融变量及金融制度的变化对经济增长的影响和作用机制。美国经济学家雷蒙德·W.戈德史密斯（Raymond W Goldsmith）是最早开展金融理论研究的学者，在他的著作《金融结构与金融发展》一书中运用比较经济学的分析方法对金融领域的问题进行了研究，戈德史密斯认为"金融理论的职责就在于找出决定一国金融结构、金融工具存量和金融交易流量的主要经济因素，并阐明这些因素怎样通过相互作用，从而形成金融发展。"[1] 他在书中通过分析一国金融结构的组成（包括各种现存金融工具与金融机构的相对规模、经营特征和经营方式，金融中介机构中各种分支的集中程度等）阐述了金融与相应经济变量之间的关系，并在分析金融结构理论的基础上进一步对金融发展进行了深入研究。虽然戈德史密斯并未对"一国一定时期的金融结构对经济增长究竟有多大作用"进行定量研究，但他认为，因为金融结构的进步能够改善经济运行，所以金融结构对经济增长具有显著的促进作用。戈德史密斯创造性地提出运用金融相关比率来衡量一国金融结构与金融发展水平，他的这一贡献为后人进行此类研究奠定了良好的基础。

一、金融抑制和金融深化理论

1973 年，美国经济学家麦金农（Ronald I McKinnon）和肖（E S Shaw）先后出版了《经济发展中的货币与资本》[2] 和《经济发展中的金融深化》[3] 两本著作，在两本书中他们对发展中国家的金融理论、政策和制度进行了深入探讨，并指出发展中国家不同程度地存在"金融抑制"现象，而解决"金融抑制"对经济影响的有效途径是实现"金融深化"。

麦金农关于"金融抑制论"的基本观点是：发展中国家的经济结构一般是割裂的，不同的经济单位面临的各类价格和技术水平等是不一致的，即存在着"市场的不完全"；"市场的不完全"导致广大被排斥在有组织资金市场之外的小企业和住户要想进行投资必须通过自身积累；而投资需要一定时期的货币积累，发展中国家由于对利率不恰当的控制或者通货膨胀，使得利率无法真实反映资金的稀缺程度，导致大量资本运用在无效率或低效率的领域，使资金配置和利用效率极低，无法促进经济增长，同时实际经济增长滞后也影响了金融发展，这也就是他所提出

---

① 雷蒙德·W. 戈德史密斯著，周朔、郝金城、肖远企、谢德麟译：《金融结构与金融发展》，上海三联书店、上海人民出版社，第 4~5 页。

② McKinnon, R. I. , 1973, Money and Capital in Economic Development, The Brookings Institution, Washington, D. C.

③ Shaw, E. S. , 1973, Financial Deepening in Economic Development, Oxford University Press.

的"金融抑制"。

肖则通过剖析金融抑制的起源和背景，揭示金融抑制的手段和后果，全面地分析了金融深化的特征、目标和作用，提出金融深化能够影响一国实际金融政策，通过推行金融深化战略有利于一国经济的发展。他的基本观点是：金融深化的措施有助于使来自储蓄的融资代替财政、通货膨胀和外援，也有助于在扩大和多样化的金融市场上促进储蓄者和投资者的竞争，优化储蓄的分配与使用，增加就业，收入和分配平等，并使经济稳定增长。也就是说，通过用市场代替政府减少对金融业的干预让其自由发展这类金融深化措施，可以实现经济发展。因此要想使经济能够平稳较快发展，应抛弃"金融抑制"，实行"金融深化"。

二、金融约束理论

麦金农和肖的理论提出以后，一些经济学家在不断对其进行完善和发展的同时，也不断发现"金融深化论"的缺陷，并在此基础上试图找出促进金融深化的其他路径。20 世纪 90 年代以赫尔曼、穆尔多克和斯蒂格利茨为代表的经济学家针对发展中国家的国情提出的"金融约束论"是其中的经典理论。"金融约束论"从不完全信息的角度阐明，由于信息不对称问题的存在，在纯粹市场经济条件下，难以实现资金的有效配置，因此需要引入政府对资金配置进行适当的干预[①]。"金融约束论"的核心是政府通过对利率和银行业进出的限制等一系列金融政策，可以实现比在自由市场条件下或金融压抑情况下更高的资金和信贷配置，以此逐步实现一国的金融深化。"金融约束论"强调政府的作用，通过政府干预推进金融发展，并逐步推动经济进步。这对发展中国家在经济发展过程中，如何维护金融机构的安全经营、保证金融体系的稳定、推动金融业发展提出了要求。

金融发展理论的提出对金融在经济发展中的作用提到了前所未有的认识高度，并在一定程度上解释了金融与经济增长之间的关系。但由于金融发展理论本身的提出是在一系列假设条件下实现的，与其提出时所

---

① 斯蒂格利茨：《经济学》，中国人民大学出版社，1997。

处的特定经济社会条件有密切关系，而且其例如理性政府、完全以利润最大化为目标的银行以及金融资产单一等假设条件在现实中实际上是难以实现的，这些限制条件的存在导致金融发展理论在解释真实世界的经济问题时遇到各种具体的困难。此外，金融发展理论没有将发展中国家特殊经济结构及社会构成形式等影响因素纳入其中，使得其在指导发展中国家金融改革和发展时也面临难以克服的问题。

2.1.2 农村金融发展理论

农村金融是整个金融体系的重要组成部分，但其作为独立的部分形成完整的理论体系要远远滞后于一般金融理论的发展。农村金融理论的发展主要是从市场经济在解决农村资金融通方面遇到难以解决的困境出发，在不断论证市场还是政府是解决农村金融问题的主要手段的过程中，发展出一套相对成熟的理论体系。其发展经历了从最初的政府主导论到市场主导论，又发展到政府和市场共同作用，来解决农村特殊问题这一阶段。

一、农业信贷补贴论

农村金融发展理论在 20 世纪 80 年代以前都是以农业信贷补贴论（Subsidized Credit Paradigm）为主。农业信贷补贴论的主要主张是：农民，尤其是最贫困的那部分人是没有储蓄能力的，因此农村金融市场是最突出的问题是资金不足。同时，由于农业具有自然风险大、生产周期长、比较收益低等特点，以利润为目标的商业银行不会将其作为潜在的客户对象。要解决农村面临的资金困难进而解决贫困问题，必须要依靠政策性资金并需建立非营利性的专门金融机构来进行资金的运作。

农业信贷补贴论总结了农村市场的几大特点：一是农业现代技术发展缓慢。农业生产力的迅速增长要与生产技术的进步、生产资料的改进和劳动者劳动技能提高保持同步，但由于农民自身资金不足及认识能力所限，提高农业技术的动力不足，造成整个农业生产技术一直相对落后。二是农村地区信贷不足。由于农业部门除了面临经营风险外，还面临较大的自然风险，加之农业生产的特点决定了其生产利润较低，因此农业生产部门很难得到商业银行提供的贷款，尤其是对农业投资及长期发展非常重要的较长期限贷款。三是农村地区的存款能力较低。农村地区受贫穷和自然灾害影响，很难有什么储蓄。四是高利贷现象较为普遍。由于无法获得正规金融机构提供的资金，一般农村地区不同程度地存在非正规借贷，且非正规部门的利率普遍较高（最高年利率可超过 100%）。五是以牺牲农业来追求工业增长。工业相对农业来说具有较高的利润率，而且技术革新方面的进展快于农业，因此工业作为经济增长主要的推动力，往往需要农业让位于它，这主要通过农业价格和纳税机制实现，即农业补贴工业。

根据该理论的观点，要解决上述问题，需要通过国家对农村市场进行干预。通过成立专门的政策性金融机构来发放专项贷款，并对这些机构予以保护来满足农村资金需求，缓解资金不足状况。同时，通过在农村地区实行较低的利率来满足广泛的资金需求，用以缩小农业与其他产业之间的收入差距。正是在这一观点的支持下，发展中国家政府广泛建立起农村金融机构，特别是专业农业信贷机构，为农民提供贷款①。此外，还引入政府指导的补贴性信贷，通过实行较低的补贴利率将高利贷者逐出市场，让农民获得"合理"利率的贷款。

这些政策的实施在一定程度上促进了农业生产的进步和农业经济的增长，但却对农村金融机构本身带来了一些问题，如操作程序不健全、缺乏经营管理自主权、风险防范意识不强、不良贷款率较高等。除此之外，这些政府主导的政策对农村金融市场的发展也带来诸多不良影响，如忽视农村储蓄的重要性、补贴利率带来的信用问题、对政策性金融机构的补贴阻碍了商业金融的发展等。

信贷补贴论的前提是贫困人口是不会进行自主储蓄的。但许多亚洲国家的经验表明，即使是再贫困的人如果有条件也一定会进行储蓄。而且低息贷款的好处往往通过转移，使用到了较为富有且有一定关系的农

① 有些国家（印度在 1969 年和 1980 年，墨西哥在 1982 年）将商业银行国有化以便增加对农业的贷款。其他一些国家（如摩洛哥和泰国）命令商业银行将贷款业务的一部分专门分配给农业或者分配给国有专业农业信贷机构再由它们为农业提供贷款。

户中，没有真正惠及贫困农户，因此低息贷款对促进农业增长没有实际意义。上述现实都说明以农业信贷补贴论为指导构建的农村金融体系难以实现有效提供服务的目的。

二、农村金融市场论

20 世纪 80 年代以来，为适应全世界经济向市场经济体制转轨这一特点，农村金融市场论（Rural Financial Systems Paradigm）逐渐取代了农业信贷补贴论。

农村金融市场论的理论前提与农业信贷补贴论完全相反。农村金融市场论强调市场机制的作用，认为广大农村人口是有储蓄能力的，是低息政策抑制了金融发展。由于农村资金运用的机会成本较高，较高利率是有利于资金使用效率提高的。

依据农村金融市场论，农村金融改革的重点有以下几个方面：一是充分发挥农村地区内生的金融中介的作用；为实现动员储蓄的作用，应有市场自主决定资金市场的利率水平；二是根据金融机构的服务情况和经营的成果和可持续性来判断农村金融是否获得成功；三是相信市场能够选择合适的贷款对象；四是允许非正规金融在合理的范围内存在，引导正规金融机构和非正规金融机构互补发展。

但进入 20 世纪 90 年代以来，随着经济发展人们逐渐认识到市场机制也并不是万能的，没有充分的信息，金融市场就不能有效运行。搭便车、道德风险、逆向选择等与信息有关的外部性和激励问题导致了金融市场失灵。而这些问题在农村金融领域更为突出。这就使得单纯依靠市场力量无法实现资金在农村的有效配置，因此政府对其进行一定程度的干预是必要的。

三、不完全竞争市场理论

进入 20 世纪 90 年代后，先后出现的俄罗斯向市场经济转轨遇到挫折、拉美和东南亚爆发金融危机，使人们逐渐认识到市场机制也不是万能的，要培育有效率的金融市场，仍需要一些社会性的、非市场的要素去支持它。正是在这种大背景下，以斯蒂格利茨为代表的经济学家，运用不完全竞争市场和信息不对称理论，提出了农村金融的不完全竞争市场论（Imperfect Market Paradigm）。

该理论基本框架是：发展中国家的金融市场不是一个完全竞争的市场，尤其是贷款一方（金融机构）对借款人的情况根本无法充分掌握（不完全信息），如果完全依靠市场机制就可能无法培育出一个社会所需要的金融市场。为了补救市场的失效部分，有必要采用诸如政府适当介入金融市场以及借款人的组织化等非市场要素［斯蒂格利茨，维斯（Weiss），1981；斯蒂格利茨，1989］。

不完全竞争市场理论认为，针对农村金融市场可能存在的市场缺陷，政府进行适当干预是十分必要的，但任何形式的介入，都要求具有完善的体制结构作为前提。因此，对发展中国家农村金融市场的政府干预，重点应用于改革和加强农村金融机构，创造农村金融市场有效运行环境方面。政府在提供优惠贷款、进行利率补贴等方面应逐步退出，以便使农村资金能够按照市场规则真正集中到亟须的小农户手里，同时农村金融机构也在放开利率后实现完全补偿成本。

基于这种观点，不完全竞争市场理论的主要政策建议有：

1. 金融市场发展的前提条件是低通货膨胀等宏观经济的稳定；

2. 在金融市场发育到一定程度之前，相比利率自由化，更应当注意将实际存款利率保持在正数范围内，同时抑制存款利率的增长，若因此而产生信用分配和过度信用需求问题，可由政府在不损害金融机构储蓄动员动机的同时从外部提供资金；

3. 在不损害银行最基本利益的范围内，政策性金融（面向特定部门的低息融资）是有效的；

4. 政府应鼓励并利用借款人联保小组以及组织借款人互助合作形式，以避免农村金融市场存在的不完全信息所导致的贷款回收率低下的问题；

5. 利用担保融资、使用权担保以及互助储金会等办法，可以改善信息的非对称性；

6. 融资与实物买卖（如肥料、作物等）相结合的方法是有效的，可以确保贷款的回收；

11

7. 为促进金融机构的发展，应给予其一定的特殊政策，如限制新参与者等。

四、局部知识论

在斯蒂格利茨提出不完全竞争市场论之后，农村金融市场存在信息不完全这一现象得到广泛认同。虽然各理论流派对农村金融市场的信息不完全状况具有一致意见，但就如何处理信息不完全的问题上的观点则完全不同。其中最著名的即是与斯蒂格利茨提出的国家干预论相对的，哈耶克（Hayek）的局部知识论（Local Knowledge Paradigm）。

局部知识论的基本观点是信息不完全不应是政府干预农村金融市场的理由，恰恰相反，可以主要依靠市场机制和竞争机制来发现和利用分散在农村市场各处的局部知识，以此来减少农村金融市场的信息不对称问题①。

局部知识论强调竞争是一种发现过程（哈耶克，1968/1969）。通过竞争可以发现信息、减少不完全信息和信息不对称。局部知识论认为在市场中存在着许多局部知识，散布在特定时间和地点，通过竞争有助于发现知识，促进知识分工，从而增进合作（哈耶克，1937/1945/1948）。因此，农村金融市场中，正是实际参与经济活动的主体更能充分利用其掌握的局部知识，从而减少信息不对称。金融机构之间的竞争及金融产品的创新，能够有效克服信息不对称的问题。

局部知识论强调竞争的重要性，它认为不完全竞争市场论所提出的政府干预已解决信息不对称问题，实际操作起来可能效果欠佳。因为政府在掌握局部信息方面没有任何优势，政府自身直接发放贷款或给予补贴，可能导致的政府失灵要大于市场本身因信息不对称带来的市场失灵。而通过鼓励市场主体间的竞争，则有可能更好地发现局部的知识和信息，以此来不断提高金融机构的服务能力和提供资金的效率。因此，农村金融市场发展的前提之一是引入竞争机制，建立竞争性的农村金融市场对提高农村金融机构服务能力和资金配置效率是十

---

① 何梦笔（德）、冯兴元、何广文：《试论中国农村金融组织机构的多元化》，中国经济体制改革研究会公共政策研究网，2002。

分重要的。

局部知识论对竞争在解决信息不对称方面的作用的阐述，对指导在农村金融市场中按照竞争原则建立市场秩序和促进机构多样化方面具有重要意义。但同时，由于市场自身存在不可避免的固有缺陷，单纯强调竞争机制，并以此来建立农村金融市场在实际应用中的可行性也大打折扣。在农村自身特殊的经济和生产条件下，在市场为主发挥资源配置作用的同时，在市场失灵领域，政府的作用也不可忽视。

2.1.3　农村金融发展模式简介

在回顾了农村金融发展的相关理论后，对采取何种研究方法来研究农村金融问题也进行一下简单介绍。在研究农村金融相关问题时，一个比较传统也是最主要的研究方法即是从供给和需求两个角度入手，从金融需求与金融供给在不同发展阶段何者居先导作用，将金融区分为不同的发展类型。

美国耶鲁大学经济学家帕特里克（Hugh T Patrick）在 1966 年发表的《欠发达国家的金融发展和经济增长》一文中，提出了金融发展的两种模式：一是"需求追随"（Demand – following）模式，强调经济主体对金融服务的需求，导致金融机构及相关金融服务的产生；二是"供给领先"（Supply – leading）模式，强调金融机构及相应金融服务的供给先于经济主体的需求，并对其需求有引导作用。他还指出，这两种模式与经济发展的不同阶段相适应，两种模式之间存在一个最优顺序问题，即在经济发展的早期阶段，供给领先型金融居于主导地位；但随着经济的发展，需求追随型金融逐渐居于主导地位。

帕特里克的理论具有一定的局限性，但他从供给和需求双方来研究农村金融问题的思路，在他之后被众多研究者广泛接受，也成为当前研究农村金融问题的一个主要思路。本书也将遵循这种研究方法，重点从需求角度出发，结合供给方面的分析来探索当前农户金融服务主要是借贷需求满足程度的问题。

2.2 小额信贷发展相关理论

2.2.1 小额信贷概念的界定

从国际流行观点定义，小额信贷（microcredit）是指向低收入群体和微型企业提供的额度较小的持续信贷服务，其基本特征是额度较小、服务于贫困人口，无担保、无抵押。一般来讲，小额信贷可以由商业银行、农村信用合作社等正规金融机构提供，也可以由专门的小额信贷机构提供。"小额信贷"作为一种专门向贫困和低收入者以及微型企业提供信贷服务的活动，第一次成功地将金融服务扩展到了低收入和贫困家庭。小额信贷作为一种打破信贷市场失灵的制度创新，以现金流为基础，为社会尤其是贫困者提供了一种改变初始要素禀赋配置的途径。

基于小额信贷在缓解贫困，改善农村金融体制方面的重要作用，国内外对小额信贷展开了不同层次的研究。国外对小额信贷的研究涉及面极广，可以说已经初步建立起一个比较全面的理论体系，并在一定范围内指导实践。相比之下，国内小额信贷的专业研究极少，研究重点主要集中在小额信贷的扶贫作用（汪三贵[①]，1998；吴国宝[②]，2001、2003等），国外小额信贷模式介绍（杜晓山[③]，1994、2003、2005；张勇[④]，2003等），国内某地区或某组织的小额信贷实践（杜晓山[⑤]，1997；史晓

[①] 汪三贵等：《中国的小额信贷》，载《农村经济问题》，1998（4）。
[②] 吴国宝：《中国小额信贷扶贫研究》，中国经济出版社，2001；《小额信贷对中国扶贫和发展的贡献》，载《金融与经济》，2003（11）。
[③] 杜晓山：《孟加拉国的乡村银行及对我国的启示》，载《中国农村经济》，1994（2）；《商业化、可持续小额信贷的新发展》，载《中国农村经济》，2003（10）；《印度小额信贷的发展及借鉴》，载《现代经济探讨》，2005（5）。
[④] 张勇：《孟加拉小额信贷模式的最新发展》，载《中国农村经济》，2003（6）。
[⑤] 杜晓山、孙若梅：《农村小额信贷：国际经验与国内扶贫社试点》，载《财贸经济》，1997（9）。

峰①，2005 等)，小额信贷的影响研究 (孙若梅②，2005)，小额信贷的可持续性 (汪三贵③，2000；郑振东等④，2005)，小额信贷利率问题 (刘文璞⑤，2000；王磊⑥，2003)，以及小额信贷的监管等，关于如何培育和发展多种形式的小额信贷组织的研究基本还停留在倡议的阶段，没有形成系统的有建设性的成果。

　　小额信贷虽然不是一个很大的概念，但是目前而言，尚没有很明确的界定可以借鉴，不同国家、不同专家学者有着不同的解释和理解。人们通常把向低收入群体所提供的额度较小的金融信贷服务统称为小额信贷，其基本特征是额度较小、服务于贫困人口。世界银行扶贫协商小组 (CGAP) 认为小额信贷是指为低收入家庭提供金融服务，包括贷款、储蓄和汇款服务⑦；根据中国的实际情况，比照国际流行观点，杜晓山教授 (2004) 将小额信贷定义为专向中低收入阶层提供小额度的持续的信贷服务活动⑧。菲律宾央行对小额信贷的最新定义是"是向穷人和低收入家庭以及他们的小企业提供的广泛的金融服务，包括存款、贷款、支付结算、汇款以及保险等"。定义中强调三点：一是不仅仅指贷款；二是有特定的目标客户群，即穷人和低收入家庭；三是与小企业密切相关。

　　"小额信贷"是一个置身于社会经济发展进程中动态发展的事物，不同的机构和学者，基于不同的时代和不同的国家背景，对"小额信贷"的理解和界定就可能存在差异。因此，研究我国农村小额信贷发展情况，要跟我国经济发展情况和农村地区的经济生产特点联系在一起，才能全面掌握其特点和发展趋势。但从技术角度讲，小额信贷具有其自身产生发展的理论基础，这在全世界范围内都是一致的。

---

①　史晓峰：《对内蒙古项目小额贷款的思考》，载《内蒙古农业大学学报》，2005 (4)。
②　孙若梅：《小额信贷与农民收入》，中国经济出版社，2005。
③　汪三贵：《中国小额信贷可持续发展的障碍和前景》，载《农村经济问题》，2000 (12)。
④　郑振东、杨智斌：《农户小额信贷可持续发展的经济学分析》，载《河北经贸大学学报》，2005 (1)。
⑤　刘文璞：《小额信贷的利率政策》，中国社科院农村发展研究所。
⑥　王磊：《非金融机构小额信贷的利率分析》，载《西南财经大学学报》，2003 (6)。
⑦　CGAP，2001，《焦点》第 20 期。
⑧　杜晓山：《中国农村小额信贷的实践尝试》，载《中国农村经济》，2004 (8)。

2.2.2 小额信贷产生和发展的理论基础

交易成本和信息成本的广泛存在是金融市场的基本特征。一般的正规金融中介机构在处理交易成本和信息不对称方面具有技术上的优势。正规金融机构在处理各类金融业务方面的技术专长以及经营的规模经济使得他们可以获得较低的交易成本，与此同时，正规金融机构因为能够获得借贷双方的信息，使得他们在一定意义上扮演着信息中介的角色，能够在一定程度上避免由信息不对称带来的高信息成本。正规金融机构在实现降低交易成本和信息成本过程中，必然要对其客户进行一定的筛选，只有那些满足其成本和风险管理要求的客户才能被纳入正规金融体系，那些不能满足管理要求的客户就会自然被排斥在正规金融体系之外。

发展中国家和欠发达国家的农村地区的低收入人群、贫困人口和微小型企业在获取金融服务方面往往具有以下几方面特点：（1）金融需求规模较小，而且客户较为分散，正规金融机构与单个客户谈判和提供服务的成本很高；（2）金融需求内容单一，正规金融机构难以实现规模经济；（3）难以提供正规金融机构认可的抵押或担保物品，缺乏具有价值的固定资产，用于生产的一般性生产资料与生活资料混用，难以作为抵押担保物品；（4）缺乏与正规金融机构打交道的机会，在正规金融机构里没有可以长期查阅的信用记录，导致正规金融机构很难了解这些潜在客户。

在正规金融机构无法向农村地区贫困人口等低端客户提供服务的情况下，为解决农村地区和城市低收入人群的金融需求问题，各种形式的小额信贷组织和项目陆续出现，通过与正规金融机构不同的特殊制度安排在一定程度上克服交易成本和信息不对称带来的难题，专门为农村地区贫困农户和城市低收入者提供数额较小、方式灵活的小额贷款、储蓄及保险等业务。

2.2.3 国内有关小额信贷分类的研究

基于小额信贷在缓解贫困、改善农村金融体制方面的重要作用，国内外对小额信贷展开了不同层次的研究。国外对小额信贷的研究涉及面极广，可以说已经初步建立起一个比较全面的理论体系，并在一定范围内指导实践。相比之下，国内小额信贷的专业研究极少，研究重点主要集中在小额信贷的扶贫作用（汪三贵[①]，1998；吴国宝[②]，2001、2003等），国外小额信贷模式介绍（杜晓山[③]，1994、2003、2005；张勇[④]，2003等），国内某地区或某组织的小额信贷实践（杜晓山[⑤]，1997；史晓峰[⑥]，2005等），小额信贷的影响研究（孙若梅[⑦]，2005），小额信贷的可持续性（汪三贵[⑧]，2000；郑振东等[⑨]，2005），小额信贷利率问题（刘文璞[⑩]，2000；王磊[⑪]，2003），以及小额信贷的监管等方面。

　　杜晓山[⑫]（2004）根据小额信贷的宗旨、目标、资金来源和组织机构，将其分为三大类型：第一类是小额信贷试验项目，其资金来源主要是国际机构捐助或软贷款，以民间机构运作为主，当前这类机构有300家左右。第二类是政策性小额信贷扶贫项目，资金来源主要是国家财政和扶贫资金，以政府机构和金融机构联合运作为主，突出代表是目前扶贫办与各地金融机构合作的扶贫贴息贷款。第三类是以农村信用社农户小额信用贷款和联保贷款为代表的商业性金融机构小额信贷。

　　① 汪三贵等：《中国的小额信贷》，载《农村经济问题》，1998（4）。
　　② 吴国宝：《中国小额信贷扶贫研究》，中国经济出版社，2001；《小额信贷对中国扶贫和发展的贡献》，载《金融与经济》，2003（11）。
　　③ 杜晓山：《孟加拉国的乡村银行及对我国的启示》，载《中国农村经济》，1994（2）；《商业化、可持续小额信贷的新发展》，载《中国农村经济》，2003（10）；《印度小额信贷的发展及借鉴》，载《现代经济探讨》，2005（5）。
　　④ 张勇：《孟加拉小额信贷模式的最新发展》，载《中国农村经济》，2003（6）。
　　⑤ 杜晓山、孙若梅：《农村小额信贷：国际经验与国内扶贫社试点》，载《财贸经济》，1997（9）。
　　⑥ 史晓峰：《对内蒙古项目小额贷款的思考》，载《内蒙古农业大学学报》，2005（4）。
　　⑦ 孙若梅：《小额信贷与农民收入》，中国经济出版社，2005。
　　⑧ 汪三贵：《中国小额信贷可持续发展的障碍和前景》，载《农村经济问题》，2000（12）。
　　⑨ 郑振东、杨智斌：《农户小额信贷可持续发展的经济学分析》，载《河北经贸大学学报》，2005（1）。
　　⑩ 刘文璞：《小额信贷的利率政策》，中国社科院农村发展研究所。
　　⑪ 王磊：《非金融机构小额信贷的利率分析》，载《西南财经大学学报》，2003（6）。
　　⑫ 杜晓山：《中国农村小额信贷的实践尝试》，载《现代经济探讨》，2004（2）。

何敏峰[①]（2005）将小额信贷分为"纯商型"小额信贷、政策性金融开办"政策性"小额信贷、合作金融机构和其他中小金融机构开办"政策型、商业结合型"小额信贷，是按照小额信贷的性质的划分方式。

对不同类型小额信贷的区分，对于研究当前小额信贷的发展形势和未来发展趋势具有重要意义。

2.3　与小额信贷相关的农户借贷行为研究

农村金融问题涉及的内容方方面面，但其中最基础也是最核心的还是农户的金融服务问题。农户作为农业经济活动的基本单位，也是农村金融需求的基本单位。近年来随着农村金融改革作为农村各项改革的重点之一越来越受到各方关注，各类研究机构针对农村金融发展改革面临的问题，从需求、供给等多个角度对农村金融进行了大量的专项调查和调研，得到了包括农户信贷需求状况、影响因素、供给主体服务特点等多方面的有益信息。主要研究成果可归纳为以下几类。

2.3.1　"农户信贷需求满足情况"的相关研究

在我国，农村金融服务一般是指在县及县以下地区提供的包括存款、贷款、汇兑、保险、期货、证券等在内的各种金融服务。这其中最重要的即是针对农户的存款和贷款服务。在农村地区提供金融服务的包括银行类金融机构和非银行类金融机构在内的正规金融机构以及其他形式的非正规金融机构。绝大多数的研究主要针对正规金融机构提供的信贷服务，当然也包括一部分非正规金融借贷活动。

北京大学中国经济研究中心宏观组（2007）关于农村信用社贷款覆盖率方面的调查显示，2006 年中从农信社贷过款的家庭占总调查户数的13.64%。农信社贷款户数占有借款需求户数的覆盖率为27.74%。

韩俊等（2007）对 29 个省市 1 962 户农户进行的调查显示，在全部

---

① 何敏峰：《完善农户小额信用贷款制度的政策建议》，载《金融实务》，2005（6）。

样本中，60.65%的农户有资金融入的需要，32.67%的农户获得了农信社贷款。有效样本中（1 849 户），获得过信用社贷款的户数为641户，占有效样本的34.67%。

黎东升、史清华（2003）对湖北监利县178户农户调查显示，178个样本中有11.80%表示其家庭有银行贷款的经历，59.55%回答"没有"，未回答此问题的占28.65%。农户的信贷资金主要依靠非正规金融部门提供。

与此相比较，也有研究中出现了一些不同的结论。汪三贵（2001）在对中国贫困地区446个农户的金融需求进行调查后得出，31%的农户表示调查时已经获得正式贷款、36%的农户表示有能力得到贷款。只有占样本10%的农户有贷款需求但未获得贷款。何广文（2005）在贵州铜仁地区的调查得出，约有68.92%的农户曾经获得了农业银行或农村信用社的贷款，信用社社员群体中获得贷款的比例更高，为82%，这一比例远远高于其他研究者所提出的正规金融对农户提供信贷的比例。一个可能的解释是在该地区农村信用社小额贷款业务推广得非常好，农信社的社员覆盖率在该区域也很高（在该地区，社员占样本的77%）。

2.3.2 农户贷款额度及贷款期限的相关研究

得到或者有可能得到正规贷款的农户，其贷款额度是受到一定限制的，因此，农户的信贷需求满足与否在某些时候可以通过其贷款的额度是否被满足来体现。

何广文、李莉莉（2005）对贵州铜仁地区（四县）的502户农户金融需求分析显示，农户获得贷款的平均额度较小，贷款满足率较低。从农信社授予的信用额度及其满足程度来看，在被授信的农户中，5 000元及以下额度的农户占比55.62%，5 000～10 000元农户占比35.96%，10 000～30 000元以及30 000元以上额度农户较少，前者占比为6.18%，而后者仅为2.25%。对于被授予的贷款额度，56%的农户认为很难满足需要。农户期望的贷款额度远远超过实际得到的贷款额度。在对期望额度的调查中，有超过60%的农户期望获得的贷款额度在10 000元以上。

韩俊等（2007）对29个省市1 962户农户进行调查显示，农户所获得的信用社的授信额度平均值为9 817元，中位数为5 000元，这说明大部分的授信农户所获得的信用额度在小额信贷的范围内。在所有回答"授信额度是否能满足需要"的农户中，54.5%的农户认为可以满足，45.5%的农户认为不能满足。被调查农户中68.92%的农户所期望的借款金额都在5 000元以上，有万元以上的借款需求的农户占到了31.08%。但在农户所实际获得的680笔正规借款中，48.97%的借款规模都小于5 000元。

2.3.3 农户的信贷资金来源的相关研究

根据对借贷资金来源的分析发现，农户日常的资金借贷来源主要是亲友之间的民间借贷，是非正规的借贷行为；少数借贷来源的正规金融机构，而这其中主要来源于当地的农村信用社。

韩俊等（2007）对29个省市1 962户农户进行调查显示，从农户意愿上，43.03%的农户最希望从信用社获得借款，42.86%的农户最希望从亲友处获得贷款。尽管主观意愿上，农户对信用社和亲友借款的选择比例基本相当，但在现实选择上，信用社借款大大落后于亲友借款。从农户贷款额看，非正规渠道借款占47.4%，其中亲友贷款占45.9%，民间金融组织借款比例非常小；正规金融机构的贷款占52.6%，其中信用社贷款占41.9%，从农业银行获得贷款的仅占1.4%。

各研究学者在不同地方调研也得出类似的结论，屈小博、霍学喜（2005）对陕西渭北地区102个农户的调查显示，2000—2003年的持续问卷显示，被调查的102个农户在4年内共发生388笔借款。有24笔来自商业银行和政策性银行，占农户贷款笔数的6.19%，而累计有297笔借款来自民间借贷，占农户贷款笔数的76.55%。朱守银等（2003）对安徽亳州和阜阳两地的217户农户调查得出在调查户发生的524笔借款中，没有一笔借款来自商业银行，来自农村信用社的有84笔，仅占16%，而民间借贷有414笔，占79%；从借贷资金量看，民间借贷也占近80%，农村信用社只占15%。

具体来看，内地与沿海地区的借贷资金来源有明显不同。何广文、李莉莉对浙江省某市（126 户）、宁夏某县（165 户）291 户农户的调查显示，在总样本中，首选农村信用社和首选亲朋私人借款的比例相差并不多，前者占比 57.73%，后者占比 40.55%。但分地区来看，宁夏农户与浙江农户的首选借款渠道却存在较大的差别，前者更加倾向于向农村信用社借款（占比 76.36%），后者更倾向于向亲朋私人借款（占比 65.08%）。

2.3.4　农户借贷资金用途的相关研究

农户借贷资金的用途很大程度上影响着其贷款来源的途径。一般而言，农户的借贷可以分为生产性借贷和生活性借贷两个方面，但近年来，农户借款的用途越来越分散，呈现多样化特征。

韩俊等（2007）对 29 个省市 1 962 户农户的调查显示，如将农户借款分为生产性借款和生活性借款，农户生活性用途的借款笔数占到了有效样本的 58.4%，而生产性用途的借款占到了有效样本的 41.8%，借款最主要的几项用途依次是孩子教育、购买农资、看病、建房和发展工商业，分别占 27.8%、18.5%、15.4%、11.6%、11.3%。

王丽萍、霍学喜、邓武红（2006）也有类似的结论，对陕西省 248 户农户的调查显示，2001—2005 年，被调查的农户生活性借贷主要投向子女教育、建房、看病就医、婚丧嫁娶方面，累计发生的借贷 431 笔，占到其全部生活性借贷笔数的 79.23%。2001—2005 年，所有获得生产性贷款的农户有 40.82% 的将借款投入到了非农业生产领域，主要用于经商、加工、运输、农村建筑等非农产业领域。59.18% 的投入农业生产领域。

何广文、李莉莉（2005）对贵州铜仁地区（六县）的 720 户农户金融需求分析显示，农户对借款的使用主要用于购买农资和孩子的学杂费（这二者都是季节性的资金需求）分别占到了 20.63% 和 20.12%，其次是购买畜禽（14.04%）①。此外借款也被用于建房和看病，分别占到了11.30%和11.13%。

汪三贵、朴之水、李莹星对六省六个国家级贫困县的446户农户的调查显示，信用社和银行贷款更多用于生产领域，而非正规贷款更多用于消费领域。信用社和银行贷款笔数的62%（金额的52%）用在生产上，17%（金额的13%）用在消费上面。非正规贷款中仅有笔数的35%（金额的33%）用于生产。63%的生产性贷款来自正规金融部门（笔数的48%），而70%的消费性贷款来自非正规信贷市场（笔数的81%）。

农户在使用借贷资金时一般是不对用于生产的资金和用于生活的资金加以细致划分的，但通过调查可以看出农户的贷款也具有一定的倾向性，即从农信社等正规金融机构申请的贷款主要应用于回报较高的生产性领域，而生活性贷款主要由其他渠道筹得。

2.3.5 影响农户信贷需求因素的相关研究

农户是农村经济活动和农村金融需求的主体，鉴于不同的经济活动的内容和规模，其金融需求也表现出多层次特性。农户的信贷需求随着农户类型的不同而各有差异。不同类型的农户有着不同的信贷需求，因此影响其信贷需求的因素也是多种多样的。

2.3.5.1 利率因素

中央财经大学中国银行业研究中心课题组（2007）对东、中、西部627户农户的调查显示，对于从农村信用社贷款的看法，东部（32.75%）、西部（43.88%）农户认为是贷款利息太高，中部农户是贷款太难（35.57%），其次为利息太高（31.54%）。与此相对应，降低贷款利率（30.37%）成为农户最迫切希望农信社改善的服务。

韩俊等（2007）对29个省市1962户农户的调查显示，64.9%的农户所能接受的最高借款利率低于人民银行的贷款基准利率5.58%，而调查地区信用社贷款的平均利率为6.42%，不仅高于其他银行利率，甚至

---

① 从贫困地区农村经济的现实来看，从事养殖业也是农户获得现金收入的主要来源之一，其行业进入门槛较低，对于大多数农户而言都有可能从事该行业。

还高于一些民间贷款的利率。而农户可接受的最高借款利率平均值仅为5%，很多地区信用社的贷款利率超过了农户所能承受的范围，39.9%的农户认为信用社的利率太高了，更多的农户选择低利率的互助合作民间金融组织，其平均年利率仅为3.725%。

也有些研究成果显示，利率因素对农户信贷需求的影响不明显。何广文、李莉莉对浙江省某市（126）、宁夏某县（165）291户农户的调查显示，当前农村信用社对农户贷款的利率一般在年息6%～7%之间，在我们对样本农户询问"农村信用社贷款利率为多高时将不再贷款"，几乎全部农户都表示可以接受现行的利率甚至更高的利率。其在贵州铜仁地区的调查也得出了相似的结论。

张军（2000）认为与贷款的可得性和安全性相比，贷款的成本，也就是利率问题不是借款农户最关心的问题，因此他们很少认真计算贷款的成本，只要能够借到钱，成本高一点农户能够接受。这是农户信贷需求受到抑制的重要证明。

史清华（2005）提出，农户在发生民间借贷时，大部分需要支付显性的或者隐性的利息，无息贷款只在一个很小的亲友范围内存在。这样来看，在正规金融机构借款的成本并不会高于民间借贷渠道。由此推断，农户主要在民间借贷的理由不是价格低，而是无法得到正规金融机构服务的一种不得已的替代行为。

陈天阁等（2005）从安徽取得的数据也在一定程度上证明了这个观点。农户实际获取资金的成本不仅包括利息、实际发生的费用，还包含了人情、众多附加条件等隐性成本。这些隐性成本对农户本身具有重要影响。

2.3.5.2　是否需要抵押或担保

从各个调查的情况来看，农户之间的民间借贷最主要形式是口头约定，抵押担保大多在农户向农信社等正规金融机构贷款时出现。

汪三贵、朴之水、李莹星对六省六个国家级贫困县的446户农户的调查显示，被调查农户中只有很少一部分贷款（不到1/5）需要抵押，大部分贷款不需要任何条件（55%）。从农业银行和合作基金会贷款，

23

70%的贷款需要抵押或担保。在正规金融机构中，主要的贷款保证形式是保证人而不是抵押。

一些学者的调查显示，抵押成为了一些地区农户借贷的瓶颈。韩俊等对29个省市1 962户农户的调查显示，在申请贷款被拒绝的农户中，38%的农户认为是缺乏抵押或担保而没有获得贷款。王丽萍、霍学喜、邓武红对陕西省248户农户的调查显示农户从正规金融机构贷款均需一定的抵押或担保，在分析从银行、农信社贷不到款的原因时，有52.63%认为是无抵押。从民间金融中无息借贷处获取贷款，不需提供抵押或担保，而民间有息借贷虽需提供一些抵押或担保，但在担保方式上，信用担保为绝大多数，占85.06%，而有抵押担保的仅占15.03%。史清华、卓建伟对山西农村203户农户的调查显示有19.05%的农户认为缺乏抵押或担保是难以获得银行贷款的原因。

另有研究者就现实数据建立模型对农户信贷需求的主要影响因素进行回归分析，此类研究比较典型的来自于汪三贵（2001）、周小斌等（2004）、史清华（2005）等人，得到的结果也比较符合经济规律。一般而言，对农户信贷需求有着正向影响的因素包括农户生产经营规模、农户生产性支出、农户生活水平、农户现金支出、农户医疗卫生支出、家庭负债等。

史清华（2002）的分析显示农户借贷水平与家庭收入有密切关系。家庭收入不断增长，会导致农户借贷水平的持续上升。从经济发展趋势来看，农村经济条件的不断改善，会使农户家庭收入不断提高，因此，整体看来，农户借贷水平也是呈现上升趋势的。而且收入增加幅度大的家庭获得借贷的增加额要大于收入增加幅度小的家庭。这与金融机构对潜在客户的偿款能力的评估有重要关系。收入高的农户在抵御风险、偿还能力方面都有较为明显的优势。

第3章 小额信贷发展机理的理论分析

一般认为，现代意义上的小额信贷起源于 20 世纪 70 年代，首先发源于孟加拉国、巴西等相对落后国家，其目的是为了解决向这些地区的贫困人口提供小额的资金帮助，使他们能够开展基本的维持生计的生产经营活动。小额信贷产生的重要前提是经济发展水平相对落后，而且当地金融供给乃至金融整体发展都严重缺乏，从一定意义来说，小额信贷产生的最初目的是为了解决扶贫问题，而不能纳入传统经济学意义上的金融领域。

小额信贷的起源可以追溯到第二次世界大战之后，特别是 20 世纪 60 年代，在西方传统发展经济学指引下兴起的"扶贫贴息贷款"，"扶贫贴息贷款"在刚出现的一段时间里在解决贫困人口资金缺乏方面发挥了积极作用，当经历了最初的较快发展后，越来越多"扶贫贴息贷款"在实践中遇到了还款率低、扶贫效果有限、可持续性差等问题，逐渐被证明是不成功的案例。但扶贫贴息贷款的出现成为了国际上"现代小额信贷"运动的重要历史背景，成为"现代小额信贷"发展的重要前提，也正是这段历史，使得长期关注这个领域的经济学家们开始了对"现代小额信贷"的探索。

3.1 传统农村金融方式及其局限性

3.1.1 农村金融领域扶持性政策的实践

第二次世界大战以后，国际上许多发展中国家为迅速恢复经济，实行了"工业优先发展，经济资源向城市倾斜"的发展战略，使得战后一

中国农村小额信贷发展路径研究

段时间内，经济建设和生产恢复的重点集中在城市地区，经济发展确实也在短期内快速发展。但与此同时，由于对农村地区资源的掠夺和对农村经济发展的长期忽略，农村地区经济发展处于长期停滞状态，严重落后于城市地区经济发展速度，客观上造成了"城乡二元结构"的存在。在经历了一段经济高速增长时期后，城乡差异带来的社会经济问题凸显出来，直接影响了整体经济发展的速度。

在这样的大背景下，农村地区经济社会发展的重要性日益引起重视。因此，从20世纪60年代前后开始，在西方传统发展经济学的影响下，许多发展中国家和国际组织在"资本积累是增长的发动机"以及"农民需要的资本远远超过他们能够进行的储蓄"理论的指引下，实行了旨在促进农村经济迅速进步的发展战略。这一阶段，大部分发展中国家设立了国有农业开发银行等信贷投放机构，并将其作为资金投放农村地区的主要渠道，这些机构承担了大量的补贴性金融资金发放工作。

在当时农村经济发展长期受到忽视的大环境下，对农村地区经济金融发展的策略具有补偿性的特点，金融方面突出表现在，采取的一系列促进农村金融发展的政策都围绕着补贴进行，而且主要是从国家角度加大资金投入。根据世界银行《农村金融：主题、设计和最佳实践》（Jacob Yaron，McDonald P. BenJamin，Jr.，Gerda L. Piprek，1997）研究报告的总结，当时这些发展中国家农村金融发展面临的境况是：（1）国家政策一直以来是城市和工业导向的政策组合，表现在汇率高估、农产品低价政策、工业品保护价格、基础设施和人力资源方面的城乡歧视、对农村地区高利贷的限制、对农村金融中担保品的监管要求、过多的农产品出口税等；（2）与城市金融发展相比，农村金融市场还具有许多固有的自然特征，如贫困、较低的人口密度、孤立的市场、较高的协变风险、较强的季节性、缺乏传统担保（抵押）品、较高的收入波动、缺乏风险分散手段；（3）不稳定的宏观经济政策和低效的政府干预等问题在很大范围内长期存在。

在这样的经济环境下，为在较短时间内，较好地发挥出金融对经济发展的支持作用，发展中国家实行了一系列传统的农村金融政策，这些政策的基本特点是：（1）补贴性利率（由于较高的通胀率，实际利率常常为负数）；（2）关注农业而非农村；（3）以国有的农村政策性金融机构为主来提供信贷支持（被实践证明具有高昂成本）；（4）重视信贷投放而忽视储蓄的作用。

这些政策出台后，经过一段时间的运行和对实际经济增长情况的评估，相对于发展目标而言，这些政策在实践中被证明是不成功的，而且由于这些政策的理论基础存在一定缺陷，其在实践中还对农村金融体系的发展造成了一系列不利后果，进一步破坏了金融生态环境。正如 David（1984）在总结菲律宾类似项目的时候指出的，"如果利率不能反映金融中介的成本，那么财富和政治权力将取代盈利性，从而成为配置信贷资金的基础"；有限的金融资源不能被配置到那些最有效率的项目上去，使得资金配置的低效率问题突出，这甚至被称为"利率限制的铁血法则"（Gonzalez – Vega，1984）。

麦金农（1973）认为，开发政策没有增加穷人获得信贷的机会，反而造成了金融抑制（Financial Repression）。同时，这种以财富和权力为标准的信贷资金配置方式，可能导致了大量寻租和腐败现象的存在。世界银行的一份最新研究发现，在印度两个国营金融机构占主体的较穷的邦，借款人为了得到贷款用以贿赂当地官员的资金占其借款额的比重达到 8% ~ 42%（The Economist，2005）。

政府主导的扶持性政策在农村金融领域的失败，引起了各国经济学家对此问题的重新认识和思考。

3.1.2　农村金融领域的"政府失灵"和"市场失灵"

小额信贷的产生发展是与解决农村地区资金缺乏、广大农户无法获得金融服务联系在一起的。20 世纪 70 年代以前，农村金融相关领域的理论分析一直认为，在农村地区受自然条件和经济条件所限，农民往往处于弱势地位，经济实力相对较弱，其通过自身积累或者借助外部金融支持以扩大再生产的能力不足，资金的缺乏影响了农村劳动力优势的发挥，使得农村地区的生产处于低效率状态，不能实现资源的有效利用。

因此，那一阶段的主流理论认为，应通过政府补贴的方式向农村地区注入资金，或者由非营利的非政府组织动员各类社会资金无偿投入农村地区。这种传统的金融范式在一定时间里加大了农村地区的资金投入，扩大了生产，促进了农村地区经济的增长，但在经历了近 20 年的实际运作之后，其在实践中的弊端越来越明显地显现出来。一方面，政府资金或是捐助资金的大量使用，使得农民在运用资金过程中不注重资金使用效率，拖欠甚至不还款的情况时有发生，这不仅影响了资金的循环使用，造成大量坏账的存在，使项目本身难以为继，更重要的是影响了农村地区整体的信用状况，众多资金使用者的违约行为对其他潜在客户产生影响，当他们获得此类资金时，也往往会发生有意或者无意的违约行为。与此同时，从发放资金的金融机构来看，这类资金的无成本性会在一定程度上影响管理的规范和严格，也会引起寻租现象的产生，直接导致的结果就是最终获得资金的客户可能很大程度上偏离了原来既定的目标客户群，也就是说，获得这类资金的农户往往不是最贫困的，而是最有关系的那部分人。另一方面，从提供资金的主体来看，补贴性资金的大量发放也给财政带来沉重负担，直接影响到此项政策或者项目的可持续性，同时，从培养良好的、有效率的农村金融体系角度看，补贴性政策的实施是不成功的，这就是农村金融领域的"政府失灵"现象。

在认识到"政府失灵"问题存在之后，20 世纪 70 年代之后，尤其是 80 年代末之后，农村金融领域的"市场论"越来越居于主导地位。"市场论"的主要思想是鼓励农村地区资金利率由市场决定，应逐步取消对利率的限制；鼓励农户通过加强自身储蓄提高获得资金的能力，通过市场化方式将资金的供给方和需求方联系起来，取消政府对信贷资金流向的干预。在此理论指导实际金融活动中，受农业产业自然风险高、地区差异大、产业化程度低等条件的约束，在金融机构实际评价客户的风险时又受到信息不对称的影响，导致金融机构提供资金的积极性大打折扣。金融机构和客户直接信息不对称的大量存在，而且农村地区抵押担保品严重不足，防范风险的可替代手段几乎没有，导致在实践中，即使农户愿意以更高的成本获取资金，金融机构也往往不敢随意放贷，这就导致了农村金融市场上供给严重不足，农民"贷款难"现象尤为突出。这就是在"政府失灵"问题之后，农村金融市场上"市场失灵"的问题也凸显出来。

3.2 小额信贷产生发展的经济基础

金融服务方式的特点与所处的经济生产环境密切相关。农村地区经济发展、生产生活的特点都与城市地区具有明显差异，决定了在农村地区提供的金融服务也与当前城市主要的金融服务方式大不相同。以中国为例，目前，中国城市地区经济快速发展，为适应经济高速增长对金融的需求，各种现代金融服务技术和手段不断更新发展，金融业呈现出多样化的特点，而且在相互竞争中逐步完善，形成一个较为合理的分工协作的金融服务体系，基本进入了发达的现代金融发展阶段。而在我国广大的农村地区，生产方式没有发生根本性改变，农村单个的生产单位在扩大再生产方面的能力有限，导致农村经济与城市相比仍然发展缓慢，经济发展的滞后也制约了金融的发展，而金融服务的不足也限制了经济的进一步增长。目前，农村地区主要的金融服务方式仍是以满足基本生产生活需求为特点，具有扶贫性金融的特点，在实现经济跨越式增长方面难以发挥作用。

小额信贷这种特殊金融服务方式的产生和发展，与经济发展阶段及经济发展对金融的需求密切相关。小额信贷这一金融服务方式首先在农村地区产生，说明其在适应农村经济特点和金融需求方面具有一定优势。经济发展具有阶段性，当前中国农村地区与城市相比处于经济发展相对落后的阶段，但其发展趋势是，通过农业现代化、农业生产方式转变、农业生产组织形式不断规模化等过程，逐步向现代经济生产方式转变，最终实现农村经济与城市经济协调发展。在这一过程中，每个不同发展阶段需要有与其相适应的金融服务方式发挥支持作用，而且金融服务方式要随着经济发展的不同阶段不断调整，以适应经济发展对金融的需要。

图 3－1 简单描述了与不同经济发展阶段相对应的金融发展方式。在

农村整体经济处于相对落后状态时，金融要解决的首要问题是满足客户基本的经济需求，如简单生产、维持基本生活等，与此相对应的，最基本的金融业务即可实现这一功能，金融在一定程度上补充发挥了财政的扶贫作用。而随着农业生产不断发展，其对金融提出的需求就更加丰富，不仅满足基本生活特点还要满足进一步发展生产、改善生活的更高层次需求，这个阶段，简单的扶贫性金融服务显然不能有效发挥作用，而受经济发展程度制约，发达的现代金融也不愿意提供这类服务，因为与城市的服务对象相比，农村地区具有成本高、抵押担保少，风险高等特点。这就需要通过创新找到适合这一发展阶段的新的金融服务方式。商业性的小额信贷正是在这种前提下，产生发展起来的。鉴于中国农村地区广阔，各地差异较大，因此从整体来看，农业转型实现现代化的阶段将比较漫长，由此决定了商业性小额信贷也将在一个相当长的时间内在农村经济生产过程中发挥主要的金融服务作用。小额信贷产生发展是金融对经济适应性的重要结果。

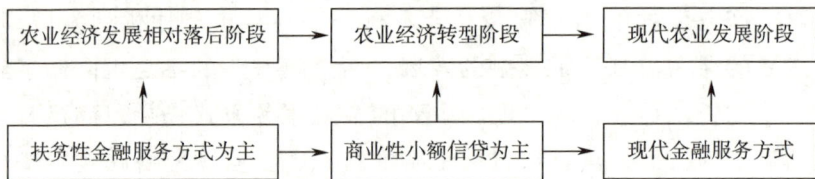

图 3 - 1　金融服务方式与经济发展阶段的适应情况

3.3　商业性小额信贷产生发展的机理分析——以中国为例

3.3.1　商业性小额信贷产生发展的一般特点

商业性小额信贷正是为了解决农村金融市场上"政府失灵"和"市场失灵"共存的矛盾而产生的。如图 3 - 2 所示，由于信息不对称情况的存在，农村金融市场上，各提供信贷服务的机构根据信息掌握情况能得到的需求曲线为 D，假设提供信贷服务的金融机构自身供给曲线为 S，那么在现有供求曲线下，能得到的均衡点为 A，在此均衡点上金融机构以 R_A 的价格提供 Q_A 的信贷资金。而随着金融机构提供小额信贷产品，并运用小额信贷技术对客户进行分析，在小额信贷产品服务的领域信息不对称的问题在一定程度上得到缓解，也就是说通过打分卡、联保小组等小额信贷技术的运用，提供服务的金融机构对客户的信息有了进一步了解，对真实的客户需求曲线了解更多，使得小额信贷服务机构面临的需求曲线向右移动，变为 D_1，在信贷服务机构供给情况不变的情况下，它可以较高的价格 R_B，提供更多的信贷资金 Q_B。这从整个农村金融市场来说，是帕累托效率的改进，因为从资金可得性和资金的价格相比，调查和实践都证明，广大客户愿意以较高的价格获得更多的信贷资金。

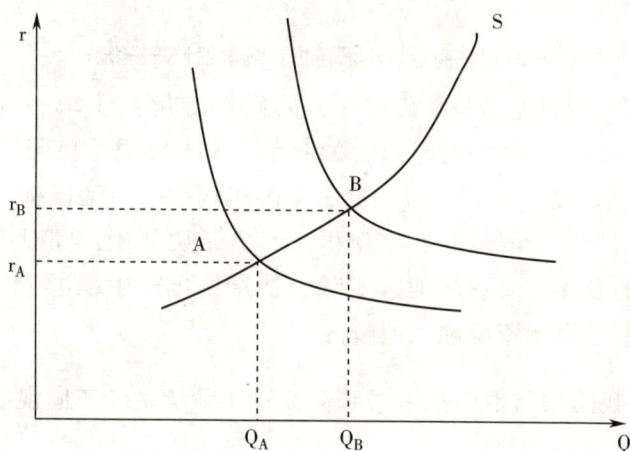

图 3 - 2　商业性小额信贷产生发展的供求分析

在此基础上，信贷机构由于对客户情况的进一步了解，更愿意或者有能力提供更多的信贷产品，也即图 3 - 2 中，供给曲线 S 有可能向右移动，最优的一种情况是供给曲线移至 S_1，在需求曲线为 D_1 时，供求的均衡点为 C，在此点上，信贷机构以 r_A 的价格提供了 Q_C 数量的信贷供给，与图 3 - 2 比较，整个资金市场上的效率进一步提高，也就是说与没有开展小额信贷业务之前比较，广大客户可以与当时相同的低价格得到更多数量的信贷资金，帕累托效率进一步改进。

31

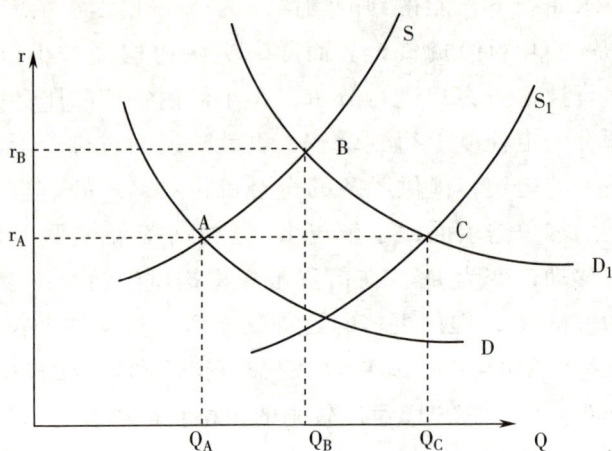

图 3 - 3 商业性小额信贷市场最优情况分析

小额信贷机制的产生和发展在一定程度上解决了单一"政府补贴论"或"市场论"在解决农村金融供给领域的局限，克服了"政府失灵"和"市场失灵"的现象，提高了金融机构在农村地区提供服务的积极性，对于增加农业弱势产业金融供给具有重要作用，同时由于金融要素中介作用的发挥，对农村地区实际经济产出也产生积极影响，并且更有效率地配置了金融资源和生产资源。

3.3.2 我国扶贫性小额信贷和商业性小额信贷的不同发展路径

我国现代最早的小额信贷可以追溯到 1981 年联合国国际农业发展基金（IFAD）在内蒙古八旗（县）开展的北方草原与畜牧发展项目[①]。在此后 10 多年时间里，我国的小额信贷项目基本上都只是国际援华扶贫项

---

① 吴国宝（2001）指出，从 1981 年开始，国际农业发展基金在我国实施了 15 个农业开发项目。国际农业发展基金的这 15 个项目共承诺贷款金额 3.8 亿美元，均属长期优惠利率的软贷款，其中三分之二用于信贷投放。

目的组成部分或者特殊的资金使用方式而已（吴国宝，2001）[1]。我国最早的专业小额信贷机构是由中国社会科学院农村发展研究所在孟加拉乡村银行信托投资公司（GT）和福特基金会的资金和技术支持下，于1993年在河北易县组建的"易县信贷扶贫经济合作社"，这可以看做是我国现代小额信贷发展的开端。此阶段的小额信贷发展特点是以"扶贫性小额信贷"为主，主要运作和实践都是以非政府组织作为主导提供，其产生发展的宗旨是为了解决贫困农户的基本金融需求，"扶贫"是其核心内容，对项目本身的可持续性方面关注相对较少。由于没有纳入正式金融体系，扶贫性小额信贷的发展规模一直较小，且因为长期没有得到政府许可，难以得到相关的政策支持。

在扶贫小额信贷实践的同时，相关政府部门和金融机构也逐步对小额信贷业务和技术有所了解，认识到其在服务农村地区的优势和特点，2000年以后，政府鼓励和主导发展的正规金融小额信贷开始在农村地区快速发展起来。首先在此领域进行尝试的是遍布我国广大农村地区的农村信用社，1999年以来，在人民银行支农再贷款的支持下，农村信用社开始发放"农户小额信用贷款"和"农户联保贷款"。这是我国正规农村金融机构开始大规模介入小额信贷领域的重要标志，这使得小额信贷的服务范围也从"扶贫"领域扩展到"为一般农户以及微小企业服务"的广阔空间。自此，我国小额信贷的总量规模大为扩张。之后，在政府主导和鼓励下，更多正规金融机构开始在农村地区开展提供小额信贷服务的尝试，如农业银行、邮政储蓄银行和各类新型农村金融机构都尝试了不同种类的小额信贷业务，并且取得了较好的发展效果。政府主导类型的小额信贷业务的发展因为产生背景具有较强的政策性和指令性，而且因其服务的主要是惠及最广大底层的亟须金融服务的农村客户，政治影响作用重大，所以在成长过程中往往获得中央和地方两级政府的大力

---

① 期间的国际援助小额信贷项目还包括：1982年联合国妇女发展基金开始在北京和山东部分地区提供小额循环信贷基金，累计投入40万美元；1984年国际小母牛项目组织（HPI）在我国四省开展的项目；1986年，联合国人口基金先后在甘肃、青海、宁夏、贵州、新疆、内蒙古、湖北、安徽、陕西和山西启动的包含小额信贷的项目，累计投入900万美元。

支持，享受到一定的优惠政策，其发展壮大的速度相对较快。

3.3.3　我国商业性小额信贷产生发展的机理分析

对当前我国两类主要小额信贷机构发展变化情况的梳理可以看出，我国扶贫性小额信贷的发展遵循了国际上一般的发展规律，从成立的条件、发展的路径和具体的运作模式来说，都与国际主流的扶贫小额信贷发展较为一致。本书研究的对象是在农村地区能够实现商业可持续的小额信贷，因此，本节以农村信用社开展的小额信贷业务为例重点分析我国商业性小额信贷产生发展的特殊性，并试图从理论层面对其进行分析。

我国农村合作金融机构发放的小额信贷，是以农户信誉为保证，通过对潜在客户的信用评定后，发放"贷款证"，按照"一次核定，随用随贷，余额控制，周转使用"的运作模式开展，这种方式在风险管理技术方面与扶贫性小额信贷的传统模式不同。作为对这种运作方式的进一步扩展，2006 年以来，在人民银行的推动下，结合征信体系建设，在广大农村地区开始大规模开展信用户、信用村、信用乡镇建设。这一工作是在农户小额信贷顺利开展的基础上，由各地农村信用社统一组织，基层农村信用社依靠村党支部、村委会和农村信用社信贷员对当地农户的了解程度，进行信用户的评选，然后根据小额信用贷款户占全部农户的比例和农户守信程度，评定信用村、信用乡镇。根据评定结果，对不同信用程度的村镇在发放农户贷款时实行分类管理。

农户小额信用贷款采取的"贷款证—信用村（乡镇）"管理模式，是我国农村信用社在深入农村提供服务的过程中探索出的一套较为有效的风险管理模式。通过一次或者多次的信用评价，为农户建立信用档案，在每次发放贷款时根据信用记录情况进行合理授信，有效降低了在客户评估环节的成本，这对降低整个机构的运行成本，提高贷款管理效率都非常重要。而且由于农村信用社一直以来在农村地区经营，对了解当地客户的经济生活各方面情况具有天然优势，信用评价工作推进顺利，近年来农户小额信贷快速发展，截至 2009 年末，获得农村信用社小额信用贷款和联保贷款的农户达 8 242 万户，占全国所有农户的比重达 33.5%。

从政策设计效果看，我国商业性小额信贷的发展对改善农村金融领域的供给难以满足需求的突出矛盾方面发挥了重要作用。但从制度变迁的过程看，我国小额信贷的产生发展都是在政府主导下进行，是强制性的制度变迁，这是一种非需求导向性的机制演化过程，其结果的一个重要特点是制度供给错位和不足，并存在较明显的市场化收缩效应。①

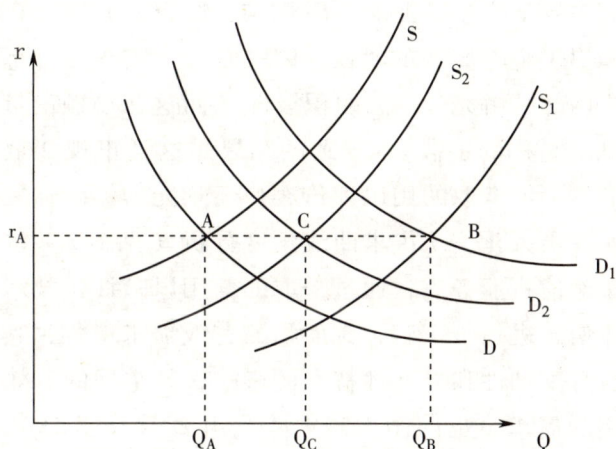

图3-4　中国商业性小额信贷产生发展的供求分析

如图3-4所示，假设原来在没有小额信贷服务的农村金融市场上供求曲线为S和D，在均衡点为A，市场上的客户以 r_A 的价格或得 Q_A 数量的信贷资金，而在农村金融市场上产生自发性的小额信贷服务后，提供小额信贷服务的机构凭借其来自农村，了解客户的特点，可对客户的真实信贷需求进行进一步分析，而客户也愿意将其真实需求表达给小额信贷机构，那么从整个金融市场来说，金融机构可以辨认的需求曲线由原来的D移动至 D_1，也就是说，客户的有效需求比原来有所增加。基于对客户需求的进一步明晰，小额信贷机构根据需求调整其供给状况，在需求增加的同时，面对农村金融市场需求严重不足的情况，小额信贷机构

① 何广文、冯兴元：《农村金融体制缺陷及其弥补的路径选择》，载《2004年中国青年农业经济学者年会论文集——统筹城乡发展　深化农村改革》，中国农业出版社，2004。

中国农村小额信贷发展路径研究

通过增加供给，可以在满足更多客户需求的同时获得更高的收益，如果在双方信息充分了解的情况下，供给曲线移动至 S_1，在均衡点 B 上，小额信贷机构以与原来 A 点一样的资金价格提供了更多数量 Q_B 的信贷资金，实现帕累托改进，这种情况是最理想的状态。

结合中国的实际情况，因现有正规金融机构提供的小额信贷服务基本都是在政府主导下产生，而非金融机构自愿自主开展，金融机构在开展客户调查和提供金融服务的时候，因完全处于需求方外部，并且缺乏主动深入客户内部了解充分信息的积极性（而这在小额信贷领域是最重要的克服信息不对称的手段），导致的结果是这类正规金融机构往往付出了极高的成本，但获取的用以评价客户还款能力、面临风险等方面的信息却难以实现最大化。从供求曲线角度分析（见图 3-4），正规金融机构在开展小额信贷业务后，通过采取的信用风险评价技术，对作为客户的农户整体信息进一步了解，其面临的有效需求增加，其需求曲线 D 右移，但受自身主动性和外部性特点的影响，其掌握的有效需求还低于农户自身真实的需求，也即图中需求曲线由 D 移动至 D_2，却无法达到 D_1，此时如果金融机构根据获得需求曲线的情况调整其供给，也即供给也在原有基础上增加，那么最优的状态是金融机构愿意将供给曲线从 S 调整到 S_2，在这种情况下均衡点为 C，在这一点上，金融机构可以按照原来 A 点时的资金价格 r_A，供给 Q_c 的资金，这比没有实施小额信贷时供给量有所增加，但仍未实现帕累托最优的均衡点 B 点的资金供给量，也就是说 Q_c 要小于 Q_B。

在实际操作过程中，提供小额信贷的正规金融机构也认识到了他们在获取客户信息方面的缺陷，而且通过不断调整和创新信贷技术来克服这方面的不足，使得其能够识别的有效客户需求曲线不断右移，更加接近真实的客户需求曲线。但因为农村经济和农户生产本身具有很多非市场性因素，农户在金融需求意愿表达时也掺杂了众多非经济因素，完全处于农户外部的金融机构就难以全部了解客户的真实意愿，其能够获取的客户需求曲线可以接近真实曲线但难以真正与真实的需求曲线完全重合，也就是说，在小额信贷市场上，单纯依靠外部金融机构提供的服务是无法实现整个市场的帕累托最优的。

无论是从经济学原理的角度分析还是从国际上先进小额信贷实践的经验来看，真正达到或者说无限接近最优市场均衡的小额信贷机构都是发源于民间，是客户在经济金融生活中根据自身需求和特点，自己创造、自发组织起来的，一般的发展路径是先在一个较小范围的熟悉社区实践运作，较成熟以后向更大的范围拓展，乃至发展成全国的机构，当然，在发展成全国机构也就是距离基层需求较远以后，其在获取信息方面的优势就会削弱，可能又会面临与正规金融机构同样的问题。

因此，笔者认为，在小额信贷市场领域，只有真正扎根农村、贴近基层的机构才能实现有效服务，而这类机构只有有效服务农户之后才具有生存发展的条件，才能以此为基础扩大业务范围和覆盖领域。但其如果脱离了基层、脱离了农村，其在小额信贷市场上就毫无优势可言，这也是实践中很多机构在做大做强后，离开了农村，不再从事涉农业务的重要原因。目前，中国市场上在农村地区提供小额信贷服务的机构众多，但真正是从农村地区自发产生、自我完善发展的几乎没有，近年来快速发展的小额贷款公司可以被认为是其中较有生命力的一类，除此之外，这类组织发展严重不足，也影响了小额信贷市场的竞争性。在本书的下面几部分，想通过深入分析我国农户金融需求领域的真实供求状况，并对现有的正规金融机构和小额贷款公司的小额信贷服务进行比较分析，来探求我国农户小额信贷领域在支农支小的同时实现可持续发展的基本路径。

第4章 小额信贷发展实践的考察

4.1 国际小额信贷发展概况

国际上小额信贷最早可以追溯到 20 世纪 60 年代，不少发展中国家和国际组织一直试图为低收入阶层提供信贷服务，这类项目在运作中执着于这样的理念：给低收入人群提供的贷款应该是有补贴、低利率的，结果不少曾经辉煌一时的扶贫信贷项目由于无法实现自身的可持续发展，最终随着援助资金的转向成为"短命的试验"。20 世纪 70~80 年代，一些项目和机构在吸取以往教训的基础上，对小额信贷的运作进行了有益的探索，从而陆续出现了一批新型的小额信贷机构，它们在成功覆盖大量低收入人群的同时，逐步实现了自身财务的可持续发展。在这其中，孟加拉乡村银行、印度尼西亚人民银行的乡村信贷部、玻利维亚阳光银行、国际社区资助基金会的村银行分别以其独特的理念和成功的技术成为各国小额信贷机构争相模仿的典范。

1995 年，世界银行发起成立了扶贫协商小组（CGAP），目的是系统地增加用于小额信贷的各种资源。1997 年，首届小额信贷高峰会在美国华盛顿成功举办，与会者达成共识：贫困户需要得到信贷，而不是廉价信贷，因此，小额信贷能够在不需要补贴、不依赖捐助的情况下在反贫困斗争中发挥重大作用，而且，它将比那些依赖补贴的项目和机构服务于更多的穷人。当前，小额信贷已进入了飞速发展阶段，在众多小额信贷机构逐步摆脱捐助资金的同时，资本市场上的资金也争相进入这个领域。据扶贫协商小组调查，2004 年至 2006 年面向小额信贷机构的国际投资额翻了 3 倍，达到了 40 亿美元，并且目前存在的 80 多家私人小额贷款投资基金中，半数都是在 2005 年以后启动的。

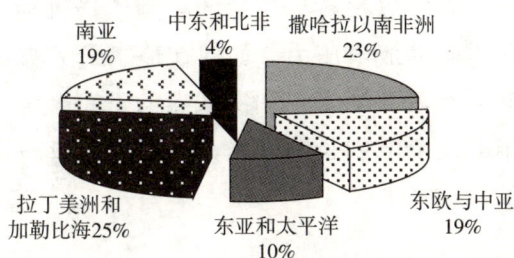

图 4 - 1　全球小额信贷组织分布

　　根据 MIX 小额信贷组织数据库截至 2007 年 6 月 30 日的统计，数据库中 948 个小额信贷组织分布在世界各地的 100 个发展中国家和美国，期末活跃贷款客户总数超过 5 642 万，期末组合贷款总额达到了 269 亿美元①，这些组织在很大程度上能够代表当今世界小额信贷组织的发展状况。

表 4 - 1　　　　　　　　全球小额信贷组织区域特征　　　　单位：家，美元，位

地区	机构数	组合贷款总额	机构平均客户数	机构平均规模	客户平均贷款额度
撒哈拉以南非洲（AFR）	222	1 582 374 969	22 197	7 127 815	321
东欧与中亚（ECA）	182	4 697 092 519	9 994	25 808 201	2 582
东亚和太平洋（EAP）	97	7 780 103 257	106 578	80 207 250	753
拉丁美洲和加勒比海（LAC）	229	9 892 875 473	38 479	43 200 330	1 123
南亚（SA）	182	2 279 083 142	158 777	12 522 435	79
中东和北非（MENA）	35	641 990 111	46 531	18 342 575	394
合计	947	26 873 519 471	59 580	28 377 528	476

　　数据来源：MIX 小额信贷组织数据库。

---

　　①　各个小额信贷组织的报告时间不一致，活跃贷款客户和组合贷款最早的报告时间为 2001 年 3 月 31 日，最新的报告时间为 2007 年 4 月 30 日，大部分的报告时间位于 2006 年 9 月 31 日到 2007 年 3 月 31 日之间。本文将不同报告期的数据简单加总，未作特殊处理。所有 948 个小额信贷组织的活跃贷款客户总数为 56 422 571 个，组合贷款总额为 26 873 519 471 美元。

尽管如此，小额信贷仍然只是一个新兴行业，它的发展依然面临着不小的困难和挑战，对于以扶贫为目标的小额信贷机构尤其如此。在艰难的探索中，如何克服高成本压力、如何在追求财务自负盈亏时避免自身的异化现象等问题都需要学术界和实践者的不懈努力。我们必须认识到，小额信贷原本就是金融创新的产物，而它自身也需要通过不断的金融创新推动未来的持续发展。

4.2 典型国家小额信贷发展模式

小额信贷在迅速推广到广大发展中国家、成为一种有效扶贫方式的同时，也适应各国特点形成了不同的模式。从组织机构的角度看，在成功的小额信贷运作案例中，既包括非政府组织，如孟加拉乡村银行，也包括正规的金融机构，如印度尼西亚人民银行的乡村信贷部（BRI－UD），既有非政府组织和金融机构紧密联系的形式，如印度农业和农村发展银行（NABARD），也有成员自治化程度较高的社区银行模式和村银行模式，如 FINCA 的村银行。随着小额信贷的发展，不少的非政府组织小额信贷机构开始转型，有的成为专事小额信贷的非金融机构，有的则获得了官方的银行准入许可，成为正规金融体系的组成部分。本书选取了四个在组织机构和贷款技术上具有代表性的小额信贷机构进行典型分析，以试图为我国小额信贷的发展提供有益借鉴。

一、孟加拉乡村银行

（一）创立与发展

孟加拉乡村银行模式是世界上关注度和效仿度最高的小额信贷机构组织形式之一，对我国小额信贷的起步和发展也起到了重要的影响作用。孟加拉国人多地少，环境恶劣，灾害频繁，是联合国公布的全世界最贫困的 39 个国家之一，也是亚洲最贫困的国家。1974 年，孟加拉发生严重饥荒，穆罕默德·尤努斯（Mumhammad Yunus）教授因此开始了小额信贷扶贫试验，其主要目标是扶贫，贷款对象仅限于穷人（尤其是贫穷的妇女），额度很小，无须抵押。1976 年尤努斯在孟加拉创办了乡村银行（Grameen Bank，GB）。1983 年，政府允许其正式注册为银行。乡村银行包括自身组织结构和借款人组织结构两个部分，其发展经历了"传统模式"的第一代乡村银行和称为"推广模式"的第二代乡村银行两个阶段。其传统模式通过整贷零还、小组模式、随机回访等一系列风险防范措施，用内生性的激励机制代替抵押担保制度，向客户提供标准化的、操作简单的基本金融产品。第二代模式是在改进第一代模式缺乏灵活性的过程中产生的。第二代模式创设了基本贷款和灵活贷款两种相关联的贷款种类，弱化了小组的作用，提供了更加灵活和方便的还款计划，为借款人提供了更为实用、更为安全的信贷服务。

改革后，乡村银行的业务飞速发展，盈利状况也持续翻番。截至 2007 年 8 月，乡村银行的分支机构增加至近 2 500 个，为孟加拉国近 80 000个村庄的 720 多万借贷者服务。自成立以来，乡村银行已向孟加拉国全国 7 万多个乡村的 650 万贫困人口发放了超过 64 亿美元的贷款。贷款的回收率为 98.4%，比孟加拉国的其他任何银行都要高。在它的示范作用下，孟加拉国小额信贷机构的后起之秀也在发展壮大，仅在孟加拉国就有三个大型的正在赶超乡村银行的非政府组织的小额信贷机构，在孟加拉这四家颇有影响力的小额信贷机构服务 1 140 万客户，占孟加拉全体客户的90%。2006 年 10 月 11 日，"为表彰他们从社会底层推动经济和社会发展的努力"，诺贝尔委员会将年度诺贝尔和平奖授予孟加拉国乡村银行及该银行创始人尤努斯教授。

（二）国际社会对孟加拉乡村银行的争论

尽管国际社会对"格莱珉模式"及其转型赞赏有加，但对格莱珉是否提供了一种在全世界可以普遍适用的模式，许多学者和专家仍存在相当尖锐的不同意见。首先，格莱珉银行与当地政府一直保持着相当融洽的关系，享受了许多其他商业银行无法得到的资金支持、法律支持和免税的政府优惠政策。1999 年，莫多克（Morduh）指出，格莱珉银行在 1985—1996 年实现了总额约 150 万美元的利润，但在此期间，却获得了约 1.44 亿美元的间接补贴，以及所有者追加的 2 700 万美元的贷款损失准备金。格莱珉银行的透明度不高，给外界分析其资金来源和成本构成

41

一定困难。其次，将目标市场定位于贫困人群或低收入群体是否始终具有持续性。虽然孟加拉乡村银行并没有将赤贫人群作为瞄准对象，但它扶贫的宗旨和目标将客户群体定位于穷人、小农或边缘农民，要在保持财务可持续的基础上持续不断地为这一目标群体服务，是需要一批像尤努斯教授这样有着深厚人文关怀的、意志坚定的倡导者、支持者和贯彻者来督促的，否则很容易出现小额信贷机构的异化现象。

二、玻利维亚阳光银行

（一）创立与发展

玻利维亚阳光银行（BancoSol）展现了一种非政府组织的项目成功地转制为专门从事小额信贷业务的私人商业银行的发展模式。阳光银行的前身是1987年成立的非营利性组织PERDEM，它采用责任共担的小组贷款模式提供信贷服务，鼓励向小企业投资，项目运作十分成功。1992年经过充分的可行性论证、转制准备和资金投入，在玻利维亚银行和金融实体监管处的批准下，阳光银行改制成为专业从事小额信贷业的私人商业银行。改制后，原PERDEM作为非政府组织仍然保留，并把它的城市业务转让给阳光银行，自己则将目标市场转向农村。阳光银行只持有玻利维亚银行系统1%的资产，但却为这个系统1/3以上的借款客户提供服务。到1995年，阳光银行在玻利维亚银行监管机构的骆驼CAMEL评级中，被认定为运营最好的银行，且其客户达到6万人。到1996年，其信贷规模达到4 300万美元，拥有7万笔贷款和5万个储蓄账户，短短4年间，业务取得近10倍的增长。

（二）评价

玻利维亚阳光银行的成功与其所处的社会经济环境、强效的改革和有力的监管以及阳光银行自身独特的机制设计密切相关。首先，大量微型企业和自我雇佣者为小额信贷提供了丰富的土壤。玻利维亚是南美洲最贫困的国家，20世纪80年代经历了经济和政治结构转型，在这一转型过程中，经济获得复苏，但却导致了大量的失业和城市移民，他们中绝大多数流入了城市的非正规部门或自我雇佣，生活处于贫困线以下，并且有强烈的资金需求。其次，20世纪90年代以来，拉美的经济和金融部门经历了一系列深刻变革，一系列改革措施为增强竞争和拓展新的信贷市场（包括小型和微型企业）奠定了牢固基础。最后，阳光银行关注的是银行业务而非社会服务，它以"穷人中的富裕者"为目标群体，采用市场化的利率水平、动态的激励机制、灵活的偿还计划、完善的监督管理，成功实现了小额信贷的商业化转型。

三、印度尼西亚人民银行乡村信贷部（BRI – UD）

（一）创立和发展

印度尼西亚人民银行（BRI）是世界上为农村提供金融服务的最大的国有商业性金融机构，它是继格莱珉银行之后的又一小额信贷运作模式的成功典范。印度尼西亚人民银行最初成立于 1895 年，其乡村信贷部今日的格局奠基于 1969 年。当时在绿色革命的推动下，苏哈托政府建立了 BMAS（加强大米生产技术），乡村信贷部的创立是为执行 BMAS 项目中的信贷部分。20 世纪 80 年代，随着 BMAS 项目的完成，政府取消了对印度尼西亚人民银行小额信贷项目的补贴，贷款总量逐渐下降，贷款违约率却始终稳步上升，至 1984 年贷款违约率达到 50% 以上，印度尼西亚人民银行陷入发展困境。

1984 年，印度尼西亚人民银行决定转换经营机制，进入小额信贷市场开始商业化运作，同时印度尼西亚政府对一些重大政策进行了调整，要求村银行的资金必须来源于储蓄，因此村银行的存贷款利差必须能够覆盖成本。印度尼西亚人民银行村银行为此推出了一般农村信贷（KU-PEDES）和农村储蓄（SIM PEDES）两个比较适应本地市场的存贷款服务产品，自身也建立了一整套良好的信息反馈、激励和监督机制。经过这次改革，印度尼西亚人民银行摆脱了政府补贴模式，业务量迅速扩大，利润不断增加，仅用 3 年时间就实现营业收支平衡，5 年后开始盈利，并保持了较高的贷款回收率，尤其在亚洲金融危机中乡村信贷部仍始终保持盈利，赢得了良好声誉，大量中低收入者和贫困人口从中获益。印度尼西亚人民银行存款客户数量从 1984 年的 400 多万增加到 2006 年的 3 000 多万，贷款客户数量从 1987 年的 130 万增加到 2006 年的近 350 万。2003 年 11 月，印度尼西亚人民银行在印度尼西亚成功上市，并同时在美国证券柜台交易市场（OTC）挂牌交易。截至 2004 年，印度尼西亚人民银行已经拥有 4 046 个村银行，其中 96% 的村银行盈利。村银行体系发放的贷款只占印度尼西亚人民银行总贷款的 15%，却创造了大部分的利润。印度尼西亚人民银行发放的中小企业贷款约占印度尼西亚所有中小企业贷款的一半，其到现在为止已成为世界上最大和最具盈利能力的小额信贷网络。

（二）评价

印度尼西亚人民银行乡村信贷部的成功归功于三个层面，即存在于大量的贫困人口和中小型企业中的潜在资金需求、宽松的政策环境和本土化的经营策略。首先，印度尼西亚是世界第四人口大国，贫困人口数量众多，农业人口占 67%，密度较大且流动性较低。在印度尼西亚农村，绝大部分人口是劳动密集型的中小企业生产者，如农场主、零售店主、食品加工者、小商贩和小规模制造业者，他们为印度尼西亚人民银行小额信贷模式提供了运作和发展的空间。其次，印度尼西亚政府分别在 1983 年和 1988 年实施了金融自由化改革，颁布了一系列放松金融机构准入的金融法规，如降低银行业的进入壁垒、允许商业银行在印度尼西亚各地设立分支机构、重新设置新银行的最低资本金要求等，极大地促进了农村银行的建立。同时制定了小额信贷法和存款保险计划，实施审慎的金融监管政策。最后，印度尼西亚人民银行乡村信贷部以基层为核心，充分利用本土化资源，开展有吸引力的储蓄和贷款产品服务，制定适宜的工作激励和奖惩制度，在存贷款技术上努力挖掘，从而成功解决了可持续与扶贫目标带来的冲突问题。

四、国际社会资助基金会的村银行

（一）创立与发展

国际社会资助基金会（Foundation for International Community Assistance，FINCA）成立于 1984 年，它是致力于为低收入家庭提供小额信贷的非营利性机构，其创始人 John Hatch 首创的"村银行（Village Banking）模式"，目前已被世界各国大约 3 000 个组织广泛采用，成为国际小额信贷运动中的一种主要模式。村银行最鲜明的特征是高度参与和经济民主化。村银行致力于帮助建立由社区集中运行的信贷和储蓄协会。它将信贷决策权交予小组，小组成员以高度的主人翁精神参与村银行自身的发展。在国际社会资助基金会的村银行中，贷款的利息收入可以覆盖大部分运作成本，基本上可以实现可持续发展目标。村银行一般建立在某一个自然村庄的基础上，其模式的主要特点在于：

第一，互助小组是村银行的运行基础，小组实行民主集中制的自治管理，自主设计规章制度；

第二，小组成员间相互较为了解，可以有效利用社区信息和团体压力解决信息不对称问题，因此村银行实际上是团体担保和个人贷款模式的结合，村银行互助小组成员之间联保通过非经济约束实现；

第三，外部出资人仅仅能对是否资助某一小组作出决定，对小组的具体资金发放没有最终决策权；

第四，小组提供的小额信贷用于成员自我就业，小组要为成员提供可行强制有效的储蓄方案，最终努力营造一种互相帮助和鼓励自立的社区环境。

（二）评价

国际社会资助基金会的村银行属于非政府组织的小额信贷机构，它的独特之处在于经济民主化，村银行小组的成员相互担保彼此的贷款并在组织内部采用民主集中制的原则。许多定位于贫穷客户的非政府组织小额信贷机构都是由非正规或半正规会员制组织转变而来，还有的由借贷团体模式转变而来，村银行模式实际上是合作金融机构与零售金融机构的复合模式，在外部，村银行以集体名义申请联合贷款，在内部，村银行表现为成员之间的互助信贷组织，并存放一定的储蓄。与小组借贷的不同之处在于，村银行成员不直接与外部贷款人发生联系，不承担直接还款义务，所有贷款的分配和收集偿还都由村银行作为集体履行；与资金互助组织的不同在于，村银行的信贷资金主要来自于外部借贷，而不是会员储蓄。因此，村银行模式是一种比较灵活的小额信贷组织模式，但是由于平均营业收入难以覆盖所有成本，国际社会资助基金会必须依赖补贴弥补一部分成本，在财务可持续性上仍需继续努力。

4.3 国际小额信贷的发展趋势

从 20 世纪 50 年代至今，小额信贷已经经历了近 60 年的发展，在不同的发展阶段，小额信贷所依据的经济理论和思想理念不断发生着变化，对穷人的理解、机构的目标、成功运作的判断标准也在发生变化，它们指导和影响着小额信贷在实践中的发展进程，而实践中各种小额信贷组织的生存状态也对理论不断提出了修正。国际上小额信贷的思想演进大致可以分为三个阶段：

第一阶段：20 世纪 50～70 年代，市场失灵和农民需要低息贷款是政策制定中的基本假设，建立专门的农业发展银行、为本国的农民发展和农业生产提供有补贴的贷款成为这一时期发展中国家信贷扶贫的政策选择。然而，无论是国际组织援助还是政府支持的为穷人提供信贷服务的项目，最终均因高额的管理费用、比例太低的还款率宣告失败。

第二阶段：1985—1995 年，农村金融在经济发展中的作用受到重视，政府失灵和穷人需要商业利率的信贷服务是这一阶段政策制定的基本假设，为穷人提供制度性金融服务是这一阶段的基本特征，随着一些成功的项目实现"双赢"目标，小额信贷的持续性被提到空前的高度，私人金融机构也开始加入，为以往被认为缺乏抵押、高交易成本、居住分散的穷人提供制度性服务。

第三阶段：1996 年至今，增加穷人进入金融市场的机会、使市场更好和更多地服务于穷人被认为是促进发展和减缓贫困的主导性政策处方。理论和实业界开始关注不同穷人生计的差异性和风险策略，以穷人的金融需求作为最基本的目标，而不是仅仅把他们当做简单的小农或者微型业主，通过创新来实现从产品定位的借贷到以客户定位借贷的转变，从而帮助他们应对不利处境、减缓贫困。

小额信贷的思想演进是人们在小额信贷发展过程中认识的逐步提升，反映了人们在小额信贷推进过程中所遭遇的困境，从市场失灵到政府干预，到政府失灵与政策和制度制约，再到扶贫的失灵和政策、技术、制度的共同制约。我国在 20 世纪 90 年代初实施小额信贷扶贫，目前制度移植的方式更趋成熟，从早期学习个别技术环节转向从国际经验中吸取适合中国国情背景的合理成分，并试图对小额信贷在组织、技术、监管等方面进行创新。小额信贷作为一种引进的制度模式，必须时刻关注国际上小额信贷的最新发展趋势，结合国内小额信贷在实践中的进展，避免走入误区，降低弯路成本，尽早为解决我国农村金融问题找到直接突破口。

2005 年小额信贷年期间，"普惠制金融体系"（Inclusive Financial Sectors）被提出，它标志着享受金融服务作为社会个体的基本权利得到基本确立，该口号主张要为所有有金融服务需求的个人和企业提供普遍的金融服务，其中特别强调小额信贷和微型金融的发展，并将其纳入整个金融体系。从简单的扶贫济困到普惠制金融架构，反映了小额信贷发展中的两个转变：

1. 从小额信贷到微型金融：服务内容和服务对象的扩展。小额信贷一词最早由社科院在 20 世纪 90 年代初引进，是对 microcredit 一词的翻译。微型金融是为贫困、低收入人口和微型企业提供的金融服务，包含小额信贷、储蓄、汇款和微型保险等金融服务，国际上称为 microfinance。从发展过程和业务开展情况看，微型金融中最主要的业务还是小额信贷和储蓄，其他业务往往是在小额信贷业务和客户群基础上开发的，并与小额信贷业务配合开展。尽管到底低收入客户究竟需要何种金融服务的问题还没有达成统一意见，但是国际小额信贷实践却清晰表明，为穷人提供多元化的金融服务是一种趋势，而且多样化的金融服务还可以为小额信贷机构创造多元化的收入。从小额信贷到微型金融，不仅是强调金融服务内容的拓展，也强调了服务对象的扩大，即贫困阶层和微型企业主都可以成为它的目标群体。

2. 从福利主义到制度主义：扶贫与可持续的目标统一。从小额信贷的发展模式看，福利主义和制度主义的争论由来已久，它们之间的差异主要体现在对可持续性关注程度的不同，然而争论的结果却是二者的逐步融合。这是因为，贫困既是自然条件等客观因素制约的结果，也是市场机制作用的结果。从金融资源的配置机制看，在信息不对称的情况下，即使不受到利率管制等外在约束，资金也必然向信号作用明显的优势企业和地区集中。因此，仅仅采用捐助、贴息等外生资源供给显然无法逆转这种市场配置资源流向的强大力量，反而只能在落后地区滋生腐败和按照权利、地位进行资源配置的恶性导向。对于以扶贫作为目标的小额信贷机构而言，项目盈利虽不是最终目标，但绝对是实现其最终社会目标的直接手段。小额信贷从福利主义向制度主义的融合与过渡，使福利主义者将扶贫济困的目标巧妙地融合在资金的市场化行为中，还为长期资金的来源和机构的持续性问题提供了解决方案，商业化小额信贷开启了一个曾经被市场抛弃和冷漠的巨大金融市场，在福利主义者和制度主义者之间找到了一个平衡点。

4.4 我国小额信贷实践及主要组织形式

经过 10 多年的发展，我国的小额信贷经历了一个由试点到推广，由农村到城市的过程，目前形成了金融机构为主导，非金融机构积极参与的局面，其中可以而且曾经提供小额信贷服务的金融机构主要包括：国有控股大型银行、全国性股份制商业银行、城市商业银行、城市信用社和农村信用合作社、农村商业银行、农村合作银行以及新试点的商业性小额信贷公司、村镇银行和农村资金互助社等；而非金融机构包括政府机构、准政府机构（扶贫基金会、妇女发展基金会等）、国际资助小额信贷和民间小额信贷四类，而后三类通常被统称为非政府（NGO）小额信贷组织①。以上所有的机构和项目，构成了现阶段中国的小额信贷提供者群体。目前，所有这些小额信贷提供者主要的服务范围仍集中在广大农村地区。具体可分为以下几类：

---

① 政府机构包括残疾人联合会、扶贫办、妇联、计生协和总工会等；非政府机构主要包括中国扶贫基金会、中国妇女发展基金会、中国人口福利基金会幸福工程（以上为准政府机构）、中国社会科学院农村发展所（民间机构）以及 UNDP、世界银行、联合国儿童基金会、国际农业发展基金、联合国人口基金、福特基金会、香港乐施会等（国际资助机构）。

1. 综合性商业银行的小额信贷事业部和分支机构：包括国有控股大型银行、全国性股份制商业银行、城市商业银行等银行类金融机构设立的专门提供小额信贷服务的小额信贷事业部或分支机构；

2. 专门从事小额信贷的银行：包括专门从事小额信贷业务的农村商业银行、农村合作银行、村镇银行；

3. 农村信用合作社[①]；

4. 非银行业机构：现阶段具体指小额贷款公司和贷款子公司；

5. 合作金融组织：现阶段具体指农村资金互助社；

6. 非政府小额信贷组织：包括准政府机构（扶贫基金会、妇女发展基金会等）、国际资助和民间开办的小额信贷组织；

7. 其他小额信贷组织：其他以非金融机构形式存在的专门发放小额信贷的机构，如政府机构开办的小额信贷项目或机构，以及社会企业等公益性小额信贷组织。

各类小额信贷机构在我国小额信贷市场上提供相似但仍有一定差别的小额信贷服务，因为没有统一的小额信贷业务统计标准，根据各主要小额信贷机构的服务情况，可获得一个小额信贷市场总量的估计值（见表4-2）。

表4-2　　　　对我国各种类型小额信贷的市场总量的估计　　　单位：亿元

类型	政府小额信贷	非政府组织小额信贷	扶贫贴息贷款	农信社小额信贷	小企业贷款
总量	6	11	381	2 263	26 800

注：（1）非政府小额信贷数据截至1998年底，政府小额信贷数据截至1998年8月，这两个数据均来源于杜晓山（2005a）；（2）扶贫贴息贷款数据截至2004年6月末，是中国农业银行提供的；（3）农信社的小额信贷包含了小额信用贷款和农户联保贷款两个部分，是截至2004年10月的数据，数据来源于中国人民银行小额信贷专题组（2005）；（4）商业银行小企业数据截至2005年末，来源于银监会领导讲话（2006）。

---

① 按照一般的理解，农村信用社属于信用合作组织或者合作金融机构，但中国农村信用社目前处于一种十分特殊的状态，既有别于传统意义的信用合作组织，又不同于银行，故单独分类。

4.5 我国小额信贷与国际小额信贷模式的差异

由于贫困在各国之间的表现并不相同，不同的机构对小额信贷也有不同的理解，当这些因素与各国的政策环境、文化差异、制度背景、监管框架等一一结合后，就使得小额信贷在运作中呈现出多样化的发展格局。这也从一个侧面说明，小额信贷是金融创新的结果，我国正在推动的小额信贷不应该是任何一个国家或地区的复制和翻版，我们需要借鉴国际上成功的小额信贷机构或项目的经验，但更需要立足自身突出自己的发展特色，因地制宜、因时制宜。

目前，我国农村小额信贷主要由三部分构成，一是农村信用社发放的农户小额信用贷款和农户联保贷款，截至 2009 年末，两类贷款余额合计为 6 000 多亿元，占农村信用社农户贷款余额的 40% 左右，占农村信用社全部贷款余额的 10% 左右；从贷款覆盖面看，全国已有 95% 的农村信用社开办了农户小额信用贷款，有 57% 的农村信用社开办了农户联保贷款。二是其他商业银行开办的小额信贷业务。农业银行近几年新增的小额到户扶贫贷款和历史上遗留下来的一部分小额农贷业务，尤其是近年来股份制改革后建立了"三农"事业部，推进新型农村小额信贷业务；邮政储蓄银行也逐步推广小额信贷业务，在小额存单质押贷款的基础上，逐步试点农户联保和保证贷款、商户联保和保证贷款等小额信贷业务。三是各类新型农村机构和小额信贷组织发放的农村小额信贷。包括村镇银行等新型农村金融机构在农村地区发放的各类小额信贷业务，小额贷款公司开展的各项业务和其他小额信贷组织的业务。

与国际上典型的小额信贷发展模式相比，我国的小额信贷业务在机构性质、组织结构、资金来源、监督管理上与它们存在着明显差异，即使是各类小额信贷机构之间，也存在较明显的差别，突出表现在以下几个方面：

一是在主导力量上，国际上小额信贷机构大多是由非政府组织经历一定阶段成功运作后推动的机构转型，而我国主要从事小额信贷业务的机构大都是在政府的大力推动下设立的，而且从发展时间来看，与国际相比，算是新生事物。尽管政府主导型的试点模式有条件享受一些政策优惠待遇，对于快速和大规模推进改革起效迅速，但这种自上而下的制度变迁模式缺少了与制度背景的深入磨合，加上政策制定者对农村地区经营的小额信贷机构有着服务"三农"和微小企业、加强风险控制、确保可持续发展的三重目标要求，制度设计难以考虑周全，一旦进入实际操作层面，其运行中出现不适应现象就难以避免。

二是在产权结构上，我国大部分农村小额信贷机构是国有控股或者国有参股的，当前只有试点的小额贷款公司是由自然人、企业法人与其他社会组织三种类型构成，其中自然人股东占比最高，其他社会组织占比极低。各类小额信贷机构的产权都是多样化且比较明晰的，这与国际小额信贷机构股权结构中非政府组织"一股独大"的现象存在较大差异。这种明晰的产权配置方式避免了非政府组织的小额信贷机构存在的"所有者缺位"现象，有效解决了信息不对称带来的委托代理问题，有利于形成科学的激励约束机制。

三是在资金来源上，国内小额信贷机构主要的资金来源是吸收存款，当前只有试点小额贷款公司为防范风险考虑必须"只贷不存"，这与国际小额信贷机构存在显著不同。国际小额信贷机构的重要资金来源即是捐赠资金和公众存款，而我国的小额信贷机构所争取到的捐赠资金微乎其微，对外融资比例又被严格限制。

四是在目标客户上，国内的小额信贷机构主要是面向"三农"和微小企业等银行信贷的服务盲区的，而不是严格意义上的中低收入群体，更不是在贫困线上挣扎的"穷人"。而且近年来在实际操作中，小额信贷机构的贷款额度有逐步增大的倾向。这在一方面反映出当前农村地区资金需求量有逐步增大的趋势，但也在另一方面反映出贷款有逐步向大户集中的倾向。有限的资金和高额的单笔贷款额度，给小额信贷机构能否达到广泛的客户数量和服务覆盖面带来了挑战。

表 4 – 3　　　　　　　国际小额信贷机构与我国小额信贷机构差异比较

特征	国际小额信贷机构	我国小额信贷机构
制度模式	福利主义和制度主义模式并存	典型的制度主义模式
主导力量	多数是非政府组织主导	政府主导、民间资本参与
产权结构	因非政府组织在股权结构中"一股独大",容易产生"所有者缺位"问题	大部分为国有控股或国家参股。小额贷款公司股东主要由自然人、企业法人构成,产权结构清晰
资金来源	接受捐助和吸收公众存款	以注册资本金和吸收存款来放款
机构性质	获得金融牌照的银行法人	专门在农村地区从事金融业务的法人
目标客户	福利主义以穷人作为目标客户,制度主义以穷人中的富余者作为目标客户	"三农"和微小企业
业务品种	注重提供一系列金融服务,品种较多	小额贷款为主,其他业务极少
贷款利率	市场化利率,但整体而言,制度主义模式较福利主义模式利率水平高	市场化利率,但不得超过同期银行贷款利率的 4 倍
抵押担保	福利主义模式通常不需要抵押担保,制度主义模式需要抵押担保	一般需要抵押担保

第5章　现阶段我国农户小额信贷需求分析

——基于农户的视角

5.1　我国农户经济行为的特点

5.1.1　当前我国农业经济的特点

我国是一个人多地少的国家，内地现有耕地约 1.3 亿公顷（不包括香港、澳门和台湾地区），仅占世界耕地总面积的 7％，总人口则超过 13 亿，占世界总人口的 22％。以相对较少的耕地，养活如此庞大的人口，农业始终面临巨大压力。改造传统农业，发展现代经济，实现工业化和城市化，往往也会出现农业资源恶化的问题。近年来中国水土流失、沙漠化现象严重，水资源短缺，农业大量使用化肥，土壤肥力下降，建设占用大量耕地，影响着农业可持续发展。农牧业使用的农药、兽药引发的食品质量卫生安全事件时有发生。一些缺乏优势的农产品进口数量不断攀升。农业自身弱质性的特点加之这些新问题的出现严重影响着农业的可持续发展，对改善我国农村经济发展结构，提高农民生活水平提出了新的挑战。当前，我国农业经济主要有以下几方面特点：

一、农业生产风险大

农业生产过程中是自然再生产和经济再生产过程的重合。这个特征使得农业生产本身尽管具有人类经济再生产的一般特征，同时具有另一种特征，即农业不管生产技术有多高，一般都难以从根本上改变生物生长发育的自然规律，这就决定了农业是一种风险性和季节约束性都比较

中国农村小额信贷发展路径研究

大的产业，容易受到季候周期和自然灾害的影响①。1978—2003 年，我
国农业每年总播种面积平均为 15.1 亿亩，平均每年有 49 480 万亩农作物
受灾，26 618 万亩成灾。

人类农业生产的历史就是与自然灾害频繁交往，相互制约，相互利
用的历史。在经过与自然灾害长期斗争的实践中，人类不断有效地认识
自然灾害，利用自然灾害和改造自然灾害，农业生产能力得到了极大的
提高。但无论现代化科学技术的开发、利用和普及达到如何高的程度，
农业生产与自然灾害的矛盾也不会中止。世界上最发达的国家在特大自
然灾害面前也束手无策，再先进的科技手段也显得苍白无力。我们所能
做的就是采取各种措施减少自然灾害对农业生产的影响，降低农业生产
的风险，有效地提高农业生产质量。

农业生产不但面临自然风险，农民还需承担农产品价格变动的经济
风险。农业生产受限于农产品自然生长周期，任何农产品从播种到收获
都要经历一定生产周期，因此在农产品播种时，是无法预知其未来价格
的。此外，由于农产品价格需求弹性小，农业生产面临着价格波动的市
场风险较大。

除自然风险和价格风险以外，我国农业由于受技术等各方面的影响，
信息缺乏加大了其面临的风险。农业生产因信息传播慢、信息传递不完
善，导致广大农民无法在生产初期准确掌握农产品市场需求行情，往往
造成产品不适应市场需求，带来较大损失。由于农业信息基础设施建设
相对落后，农业生产者的理性决策受到多方面的影响，目前普遍认为农
业生产经营的风险大于其他产业。

二、农业生产单位规模小，投资实力弱

我国 8 亿多农村人口，约有 2.3 亿农户，大部分地区的农民还都从事
着以户为单位的家庭式农业生产活动。因此，我国农业生产的基本单位可
定义为户，按每户 3~4 人计，我国农业基本生产单位有 3~4 人，规模很
小。由于生产单位规模小，生产难以实现规模效应，我国农业的生产效率

① 王曙光：《农村金融与新农村建设》，华夏出版社，2006。

不高，且抵御风险的能力相应也较弱。家庭式生产难以实现较大的资金和技术等的积累，因此农户投资和扩大再生产的能力也相对较弱。

从户均 GDP 及人均收入水平等角度看，农村都远低于城镇水平，相应的，农村平均资本实力、投资实力也较弱（如图 5 - 1 所示）。

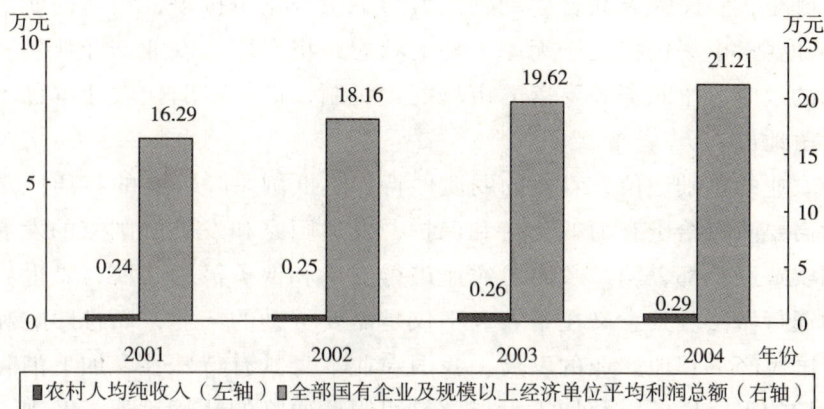

资料来源：中金公司：《农村金融国际经验分析》。

图 5 - 1　中国农村与城镇经济收入规模比较

三、农产品类型多，生产经营差异化显著

我国由于国土幅员辽阔，各地自然条件、生产生活习惯等差异较大，各地形成了种类繁多、差异较大的农业产品，农业生产经营差异化程度很高，地区特点突出。各地适宜种养殖的农产品不同，其生产周期、产需结构、价格弹性及资金投入所需的规模各不相同，即便是同一种农产品，因其在不同地区生产，其生产周期、资金需求等也不相同。随着农业产业结构调整，各地也有意识地整合部分资源，开展农产品的规模生产，形成了特色的产业区，但农产品种类太多的特点，导致目前我国农业的生产差异性仍较为明显。

四、农业整体竞争力较弱

我国农、林、水、气资源有限，大量剩余劳动力滞留在农村和土地特有的社会保障功能性质，使得农村土地要素的流动缓慢，难以形成有效的规模经营，农业产业结构调整滞后，放大了农产品需求弹性小的效

中国农村小额信贷发展路径研究

应，农业技术进步水平低，劳动生产效率提高缓慢，这都使得我国农业受到资源和需求的较强制约，扩张空间小，投资效益差，产业比较利益低，从而在资源要素特别是资金要素的竞争中，缺乏足够的实力和吸引力。同时由于法制建设滞后，农村社会化服务体系和其他市场中介组织的不健全，农民缺乏联合互动，无力与不正当竞争抗争，短期内农产品市场和要素市场仍将处于无序失衡的状态，将会增强农业产业比较利益低下的效应，扭曲资源要素的市场配置机制，进一步弱化农业本已不利的竞争地位。

农业的基础地位、农业的弱质性特点、抵御风险较弱的特质决定了农业需要政府给予有力的支持和保护，发达国家和发展中国家的发展经历和实践经验都表明，政府对农业进行支持和保护极为必要，是世界各国的通行做法。其意义在于农业不仅是需要资助的产业，而且影响和制约着国民经济其他产业的发展。我国农业本身具有特殊性，加上消除二元结构的艰巨任务以及加入世界贸易组织后面临的严峻挑战，客观上必然更加需要政府采取有力措施，加大投入，给予农业更加有力的支持和保护，以保证我国农业的健康发展和整个国民经济的稳定与持续进步。

5.1.2 农户经济活动的基本特征

我国的农户不同于绝大多数城市家庭，它不仅是一种生活组织，还是一种以家庭为单位的小型生产组织。农户作为小生产者，尤其在传统农区、欠发达地区，其经济活动存在一些明显的特征。

一、农户的经济活动多以家庭为单位进行

农户是农村地区基本的经济组织单位，通常以家庭为单位进行生产经营、消费、积累财富等各种活动。随着社会经济的发展，目前绝大多数的农户不是封闭地实现自给自足，而是要参与商品交换和劳动力市场的交易活动。根据调查结果来看①，农户收入来源是多种多样的（见表5－1）。

① 此部分数据来源于2007年中国人民银行联合国家统计局在全国范围内开展的针对农户借贷需求专项问卷调查。

表 5 - 1　　　　　　　　　样本农户家庭收入来源状况　　　　　　　单位:%

主要收入来源	数值
农业生产经营收入	62.7
非农业生产经营收入	8.1
工资性收入	26.5
其他收入	2.8

二、农户通常无经常性、固定的收入来源

调查显示,当前有 80.3% 的农户以从事传统的种植业生产为主,生产活动受自然条件影响较大,具有很大的不确定性,而且因其生产活动较为单一,收入有限,资产积累不足,贫困地区的农户更是如此。农户收入货币化程度低,生活消费水平也较低,加之居住分散、资金需求额度小,因此在商业信贷市场上难以获得信贷融资支持。

三、农户的生产资金与生活资金常常混合使用

农户作为生产与消费的综合体,长期以来受经济活动特点和知识水平限制,没有将用于生产的资金和用于生活的资金加以区分利用的意识,这就导致部分农户借款后并不能保证借到的资金用于原来预想的途径。

四、土地和家庭劳动力是重要的生产要素,大多数农户对人力资本的投入不足

土地和农户自身的劳动能力是维持生计的基本保障手段。农户生产活动的分工和专业化水平很低,与此相联系,农户大多在人力资本的投入上并不充分,在专项调查的 20 040 户农户中,大部分农户文化程度聚集在高中及初中水平,仅有 5.4% 的农户具有大专及以上文化水平。原因主要是农户对知识的重要性认识不足以及受经济状况的制约无法支付高等教育所需的高额费用。

5.2　农户信贷需求特征

由于农村生产和经济组织方式不同,农村金融需求有不同于城市和工商金融需求的特点。随着农业经济不断发展及农业涉及面的逐步扩大,

中国农村小额信贷发展路径研究

农村金融涉及的领域也越来越多，农村金融在农村经济发展中吸收储蓄、配置资金、分散风险，其重要性日益引起各方重视，改革措施在不断推出。农村金融体制改革方案设计的基本前提是深入理解和把握农村金融需求的特点。在理解农村金融需求特点之前，先要对我国农村金融需求的种类有所认识。按照需求对象来分，农村金融需求可分为农户金融需求、农村中小企业金融需求及其他金融需求；按照内容来分，主要可分为借贷、储蓄、保险和其他金融需求。而目前农村金融中矛盾最严峻的是农户的借贷需求得不到充分满足。

5.2.1　当前农业借贷需求的主要特点

一、季节性和时间性强

现代科技在农业生产中的广泛应用并未改变农业生产的季节特征。农业借贷需求由此表现出较强的季节性，农业借贷期限需要同农业生产周期相一致。多项调查显示，农户实际借款期限大大短于农户期望借款期限，农户希望的借款期间也不与自然年度一致，农户希望借款期限最好是 12～18 个月。另外，由于农业经营的自然和市场风险，完成一个生产和销售周期难以有确切日期，农户更希望有一个适度灵活的还款区间。

二、借款额度小

我国小农经济的特征，导致农户贷款需求以小额为主。中国统计年鉴数据显示，2005 年底，我国农户贷款平均每户不到 1 万元。农村企业资金需求的规模也不是很大。虽然总体看来农村居民和企业的金融需求规模巨大，但单个居民或企业的金融需求相对较小。小规模的金融需求，导致金融机构的经营成本增加。

三、缺少传统意义上的抵押品

我国农村地区严重缺乏贷款抵押品。我国农村的集体土地，除去经发包方同意的农民承包的集体所有荒地的土地使用权，以及用于抵押的乡（镇）村企业的厂房等建筑物占用范围内的集体土地使用权外，不能作为抵押品；农民的个人房屋是农民的基本生活资料，难以真正作为有效抵押品发挥作用，且农民住房的宅基地不得抵押也使得住房抵押受到限制；农业的生产性财产一般难以再次进入市场实现价值，往往不被接受作为抵押品。如何设计不需要传统意义上抵押品的农村借贷产品，如何在农村扩大可接受抵押品的范围，成为农村金融的一个重要问题。

四、借贷的交易成本较高

获得金融服务所需要支付的成本不仅是利息，还包括交通成本、同填写表格相关的成本等交易成本和可能存在的非正常成本等。农村地域广阔，人口和经济密度低，金融机构同借款者的距离相对更远，交通成本更高；农民受教育程度低，填写同样复杂程度的表格对农民的成本更高。

5.2.2　农户借贷意愿的主要特征

一、农户的贷款需求普遍存在，各省之间存在较明显差异

据调查[①]，所有样本农户中，45.3% 的农户表示在生产、生活及其他活动过程中，需要从银行、信用社或其他私人渠道借款，农户的贷款需求是普遍存在的。但各省之间的差异比较明显（见表 5-2）。部分发达省份贷款需求比例较低的原因在于非农产业较为发达，农户生产多样化特征显著，多种产业发展、非农产业项目收入较高，导致其贷款需求较低。而欠发达地区贷款需求比例较低的主要原因是农户人均种养殖业规模较低。

表 5-2　　　　在生产生活中是否存在贷款需求的农户占比情况　　　单位:%

	不需要	需要
总样本	54.7	45.3
内蒙古	37.4	62.6
吉林	39.4	60.6
江苏	67.5	32.5
安徽	63.2	36.9

---

① 此部分数据来源于 2007 年中国人民银行联合国家统计局在全国范围内开展的针对农户借贷需求专项问卷调查。

续表

	不需要	需要
福建	49.7	50.4
河南	59.5	40.5
湖南	58.2	41.8
四川	54.9	45.1
贵州	44.6	55.5
宁夏	36.2	63.9

二、依靠自身积累是农户获得生产生活所需资金的基础，但对于扩大生产来说，大部分农户选择从外部借入资金

通过调查，发现有 12.5% 的农户存在潜在的信贷需求，因为这些农户表示之所以不需借款，主要是没有好的发展项目，一旦有看好的项目，这种潜在需求会转变为现实的信贷需求。同时，在全部不需要借款的样本农户中，有超过 6 成的农户表示不需借款是因为自有资金已能满足现在的生产生活需要。这些都表明，农户更倾向于依赖于自身积累来解决生产生活中的资金需要，而只有在自身资金积累无法解决问题时才会选择从外部借款。这说明自身积累仍然占据农户融资次序的第一位。

而在针对扩大种养殖业规模资金来源的选择中，有接近 50% 的农户首选依靠农村信用社。可见对于大多数农户而言，虽然自我积累是发展生产的基础，但在扩大再生产过程中，负债经营也十分必要，农户的借贷意愿非常明确。这与中国农业、农村经济发展进入到新阶段是紧密相连的，随着农业现代化步伐不断前进，农村经济活动的逐步多元化，农户作为一个融消费和生产经营于一体的经济组织，在农村经济活动中发挥着越来越重要的作用。作为现代农业的主要经营者，其资金的来源也将越来越依赖农村金融市场这一外部渠道。

三、亲朋和农村信用社是农户贷款的首选渠道，农户对正规金融机构具有潜在的金融需求

调查中，有接近 60% 的农户表示"最愿意从亲戚朋友处无息获得借款"，约32%的农户选择从农村信用社融资。各分省数据得出的基本结论与此一致，即农户外源性融资主要来自亲朋和农信社。同时根据样本统计数据，虽然有45.3%的农户具有借款需求，然而仅有27.4%的农户具有从正规金融机构获得贷款的经历。从农户"最愿意选择的借款渠道"（见图5-2）来看，有35%的农户希望从正规金融机构（农村信用社32%＋其他正规机构3%）获得资助，农户的意愿与实际情况存在较大的缺口。

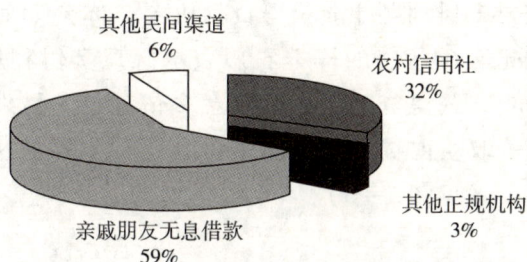

图5-2　农户最愿意选择的借款渠道①

四、与实际得到的授信额度相比，农户有更高的贷款授信额度需求

在考虑到还款能力及现有担保抵押条件，调查得到的农户期望贷款额度平均达到22 136元，农户期望的额度远远超过实际得到的授信额度，两者之差是农户实际得到的授信额度1.02倍（见表5-3）。此外随着授信额度的上升，农户满足率缺口越大。对从农信社得到贷款的农户来讲，其中23.4%的农户的期望贷款额度超过实际贷款额度，并且随着期望贷款额度的增加，未满足额度需求的农户所占比率呈递增趋势。这表明金融供给主体设定的授信额度与农户实际需求之间存在较大的差距，农户被授信的额度明显偏低，授信额度很难满足农户的贷款需要。

---

　　① 其他正规机构包括：国有控股商业银行、邮政储蓄银行、资金互助社、村镇银行、贷款公司和国际项目；其他民间渠道包括：合会、其他金融会、向亲朋或关系户有息借款、乡村干部和工商业主。

表5-3　农村信用社对农户的现有信用额度与农户期望信用额度对比

项目	平均额度（元）	5 000元以下	5 000~1万元	1万~3万元	3万元以上
现有信用额度占比（1）	10 906	52.6%	24.1%	19.7%	3.5%
期望信用额度占比（2）	22 136	29.2%	28.2%	27.4%	15%
缺口（2）-（1）	11 230	-23.4%	4.1%	7.7%	11.5%

五、与贷款的可得性相比，农户对于贷款的利息有一定承受意愿

对"如果需要多付利息才能获得贷款机会，你会如何选择"的调查表明，在急用情况下64.9%的样本农户表示愿意多付利息，同时5.5%的农户表示只要能够获得贷款机会，愿意多付利息。另外，也有约三成的农户不愿意为争取获得贷款机会而多付利息，主要是这些农户并不存在强烈的贷款需求（见图5-3）。

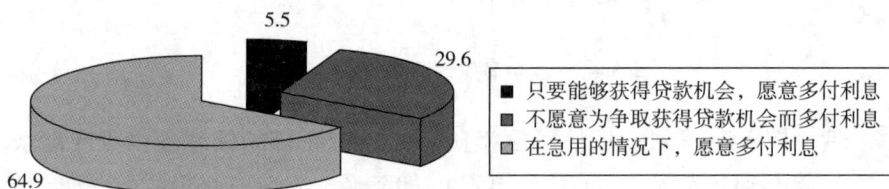

图5-3　农户在需要多付利息才能获得贷款机会的选择

对于借款利率，大多农户有一定的承受能力。在各种情况下农户可接受的利息水平分别是：看病急需借款时，月利率0.9%；孩子上学需借款时，月利率0.78%；建房需借款时，月利率0.72%；农业生产经营需借款，月利率0.71%；发展工商业需借款，月利率0.77%；归还其他借款需借款时，月利率0.73%。不同的需要农户选择接受不同的利率水平，这说明农户在选择借款时是较为理性的。

六、农户的生活性金融需求超过生产性金融需求

农户的生活性金融需求超过生产性金融需求，从储蓄动机和借款用途两个角度都可看出此特点。农户的储蓄动机中，满足生活性动机的储蓄行为高达88.5%，而生产性动机的储蓄行为仅为11%；在对借款用途的调查中发现生活性需求仍然占据主体地位，但生活性需求和生产性需求的差距并不显著，其中生活性需求和生产性需求的比例分别为45%和40.8%（见表5-4）。

此外，将农户储蓄行为以及借款行为中用于婚丧嫁娶、建造房屋、孩子上学和看病的比例进行汇总之后，两者有惊人的相似性，前者为45.9%，后者为45%。这是由于农户的大部分金融需求来源于生活需要和突发性需要，具体而言就是农户主要为了婚丧嫁娶、建造房屋、孩子上学和其他一些突发事件而储蓄或举债。在这种动机下的借贷资金与农户的储蓄资金用途具有较大的相似性。

表5-4　　　　　　　　　农户金融行为动机比较　　　　　　单位：%

储蓄是出于哪方面的考虑：第一选择	占比
生活性需求：	88.5
用于以后生活用途	42.6
准备建房	14.4
用于以后孩子上学	23.5
购买大型家用电器	0.4
用于看病	2.4
用于婚嫁	5.2
生产性需求：	11.0
用于来年购买生产资料	8.6
用于经商	2.4
其他：	0.5
用于归还借款	0.5
第1笔：借款用途	
生活性需求：	45.0
建房	12.6
看病	13.4
孩子学杂费	12.6
红白喜事	6.4
生产性需求：	40.8
发展工商业	7.2
购置农机	3.3
外出打工	2.1

续表

储蓄是出于哪方面的考虑：第一选择	占比
购买农资	23.4
购买畜禽	4.8
其他：	14.3
归还其他借款	3.0
其他	11.3

七、农户金融服务需求具有多元化、多层次的特点

农户的金融需求尽管还是以存、贷款需求为主，但已经不仅局限于此，保险、投融资以及存款汇兑等其他金融需求也有所体现。农户在对富余资金出路的选择方式上，以传统的存款类产品为主，农户选择存在银行、信用社及邮局中的资金比重高达83.5%，且以信用社存款为主，这一比重为45.9%。不以盈利为目的的资金用途主要以放在家中及无息借给朋友体现，这一部分的资金比重在13.8%左右。以逐利性为目的的资金则比较均匀地分配于参与合会、借给小额贷款组织、购买有价证券、借给亲朋好友、购买保险等（见图5-4）。

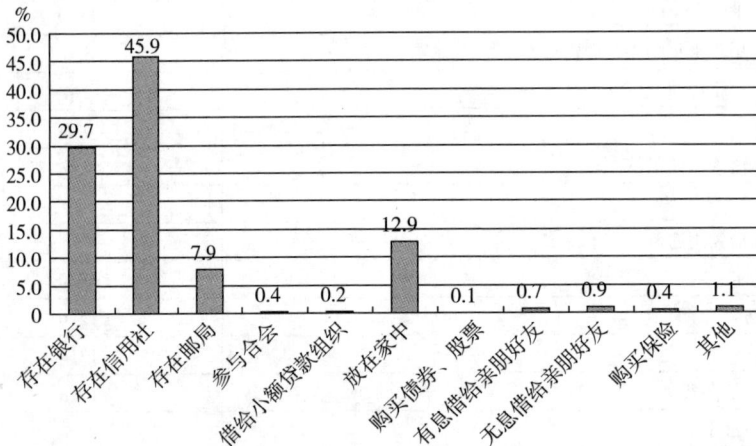

图5-4　农户富余资金用途选择

5.3　农户信贷需求影响因素的实证分析[①]

5.3.1　农户借贷行为影响因素的选取

本节研究的目的在于通过对调研区域样本农户的统计数据进行实证检验，对农户借贷行为的各个影响因素进行计量分析，探讨各影响因素对农户借贷行为在不同方面上的影响方向、影响程度，并得出研究结论。

首先，把农户借贷行为的表现界定为三个方面。为了更好地对农户借贷行为影响因素进行分析，结合调查统计情况，把农户借贷行为分别界定成农户是否具有信贷需求（包括从正规金融渠道和非正规金融渠道两方面的需求）、农户从正规金融渠道（包括农村信用社、农村商业银行、城市商业银行、国有控股商业银行及全国性股份制商业银行）的贷款行为和农户从非正规金融渠道（包括农户间互助性资金借贷行为、有息借贷行为、参与合会等）的借贷行为三个方面来分别进行实证研究。

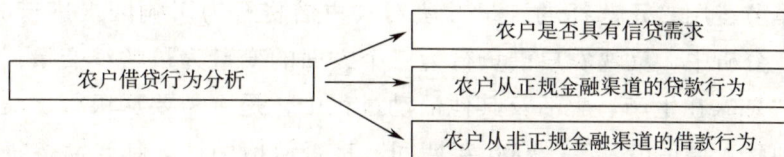

图 5-5　农户借贷行为分析

其次，对影响农户借贷行为因素进行筛选和分析。

从农户这个行为主体来看，首先，农户的相对收入水平可以对其资金借贷行为产生影响，其收入越高可能因其自有资金就能满足日常开支需要而不需要外部资金；但农户的收入来源也同样会对其借贷行为产生影响，如果农户是以工商业活动为主要收入来源，那么其收入越高则生产经营活动中越需要资金周转会导致其外部资金需求，如果农户是以传

[①]　本节所用数据来源于 2007 年中国人民银行联合国家统计局在全国范围内开展的针对农户借贷需求专项问卷调查。

统农业活动为主的话情况则会不同；其次，农户的年龄、受教育程度等因素会影响到农户对待资金借贷的认识和态度，从而会对其资金借贷行为产生影响；同样，农户的家庭总人口人数也会影响到农户的资金需求，一般来讲，人口越多的农户其开支越大，也越容易产生资金借贷行为；最后，农户是否具有从外部借贷资金的经历对于农户将来的借贷行为影响也是很明显的，当农户从以往的借贷经历中获得了收益时，将会对其未来的借贷决策产生积极的影响，反之亦然。

　　而从农户所面临的金融环境来讲，也会有很多的因素影响到其借贷活动。从正规金融渠道的资金供给来看，包括一系列反映正规金融资源对农户可得性的指标，包括在农户当地有无正规金融机构网点、农户当地正规金融机构（主要是农信社）是否对农户进行信用评级并授信、农户对信用社开展的小额信用贷款业务的认知程度（从侧面反映信用社对其金融业务的宣传情况）等因素；而从非正规金融渠道的资金供给来看，主要利用了农户当地有无有息借贷活动这一指标，来反映农户所在地的民间借贷活动活跃程度。

　　本节运用二元选择的计量方法对农户借贷行为影响因素进行分析。在计量分析中，反映农户借贷行为三个方面的变量为被解释变量，分别选取"您家在生产、生活及其他活动过程中，是否需要从银行、信用社或其他私人渠道借款""2006年期间，是否从信用社、邮政储蓄银行或其他银行得到过贷款""是否向除正规金融机构以外其他渠道借过款"三个问题的统计结果作为数据来源。

　　而反映农户借贷行为的影响因素在计量分析中作为解释变量。在本部分中，分别选取了反映农户基本特征的变量、反映农户收入情况和储蓄情况的变量、反映农户收入来源及就业情况的变量、反映农户当地正规金融资源可得性及非正规金融活跃程度的变量、反映农户对当地金融机构信贷产品的认知程度及农户被授信情况的变量，以及地区特征变量等各种变量来作为农户借贷行为的影响因素。具体来讲，分别利用了"2006年末家庭常住人口数""劳动力平均年龄""劳动力最高受教育程度""2006年您家的总收入是多少元""2006年您家主要收入来源""在本村是否有正规金融机构业务网点""2006 年底储蓄存款水平""是否知道农村信用社开展的农户小额信用贷款""信用社是否对您家进行过信用评级""民间是否有其他形式的有息借贷活动"十个问题的统计结果以及省份地区特征变量作为数据来源。

5.3.2　变量的定义与说明

根据所得资料，对模型中变量的选择与定义如表 5 – 5 所示。

表 5 –5　　　　　　　　　变量的定义与说明

变量	定义
因变量	
Demand	是否有信贷需求，有 =1，没有 =0
Loan	2006 年是否从正规金融渠道得到贷款，有 =1，没有 =0
Credit	2004—2006 年是否从非正规金融渠道得到借款，有 =1，没有 =0
解释变量	
Age	农户家庭劳动力平均年龄
Education	农户家庭劳动力最高受教育程度，1 = 未上学，2 = 小学，3 = 初中，4 = 高中，5 = 中专，6 = 大专及以上
Population	2006 年末家庭常住人口人数
Income	2006 年家庭总收入（元），其中：1 = 不大于 5 000 元，2 = 5 000 ~ 10 000 元，3 = 10 000 ~ 20 000 元，4 = 20 000 ~ 50 000 元，5 = 50 000 ~ 100 000 元，6 = 大于 100 000 元
Income source	收入来源：1 = 农业生产经营收入，2 = 非农业生产经营收入，3 = 工资性收入，4 = 其他收入
Institution	农户所在村是否有正规金融机构业务网点，有 =1，没有 =0
Deposit	农户 2006 年底储蓄存款水平：1 = 1 000 元以下，2 = 1 000 ~ 3 000 元，3 = 3 000 ~ 5 000 元，4 = 5 000 ~ 1 万元，5 = 1 万 ~ 2 万元，6 = 2 万 ~ 5 万元，7 = 5 万 ~ 10 万，8 = 10 万元以上
Awareness	是否知道农村信用社开展的农户小额信用贷款，有 =1，否 =0
Granted	信用社是否对农户进行过信用评级，有 =1，否 =0
Informal	农户所在地民间是否有其他形式的有息借贷活动，有 =1，否 =0
Location	省别特征变量，其中：内蒙古 =1，吉林 =2，江苏 =3，安徽 =4，福建 =5，河南 =6，湖南 =7，四川 =8，贵州 =9，宁夏 =10

调研样本总容量为 20 040 个农户，但是鉴于部分农户对上述特定问题没有进行回答的情况，在进行计量分析时对此部分农户从样本中剔除。

5.3.3 农户信贷需求影响因素的实证分析

一、计量模型与计量方法说明

假设 Y 表示一个虚拟变量，它的取值为 1 或者 0。对于每一个农户，假设 L 是决定 Y 取值的关键因素，如果 $X_i > X_i^*$，则取值为 1；如果 $X_i < X_i^*$，则取值为 0。Probit 模型假设 X_i^* 是服从正态分布的随机变量，则 $X_i < X_i^*$ 的概率可以用概率分布函数来计算。标准正态概率分布函数为：

$$P_i = F(X_i) = \frac{1}{\sqrt{2\pi}} \int_{-\infty}^{X_i} e^{-t^2/2} dt$$

通过 Probit 方法对下列方程进行估计，就可以得出影响 Y 取值的因素及其影响方向等。

$$Y = \alpha_0 + \alpha_1 H_i + \alpha_2 W_i + \alpha_3 I + \alpha_4 C_i + \alpha_5 F_i + \alpha_6 L$$

在此，被解释变量 Y 分别表示农户是否存在信贷需求和农户是否能够从正规金融与非正规金融渠道获得贷款（是 $= 1$，否 $= 0$），解释变量 H_i 是关于农户的一组特征变量（户主年龄、受教育程度、劳动力数量等），W_i 是有关农户财产的一组变量（金融资产、家庭财产状况等），I_i 是与收入和就业有关的一组变量（收入、收入来源特征、从事非农务工情况等），C_i 表示与农户贷款能力相关的一组特征变量（是否被评级与授予信用额度、对小额贷款业务的认知程度等），F_i 是表示与当地正规金融资源与非正规金融资源的可获得程度有关的一组特征变量（当地是否有正规金融机构网点、当地是否存在民间有息贷款情况等），L 是地区特征变量。

二、计量结果

根据调查的数据，以农户是否存在信贷需求作为被解释变量进行估计，运用 Probit 方法的分析结果见表 5 - 6，而由计算结果得出，分别对被解释变量具有显著性影响的因素见表 5 - 7。

表5-6 农户信贷需求因素分析估计结果

被解释变量	
Demand 是否有信贷需求	
估计方法：ML - Binary Probit	
计算观察值数（Sample：19327；Included observations：7447）	7 447
Obs with Dep＝0	4 635
Obs with Dep＝1	2 812
解释变量	变量系数及统计值
LOCATION	－ 0. 066443 （－ 11. 84583）***
POPULATION	0. 021992 （1. 684395）*
AGE	－ 0. 007188 （－ 3. 449741）***
EDUCATION	0. 031016 （1. 906895）*
INCOME	0. 110526 （5. 488826）***
INCOME SOURCE	－ 0. 065295 （－ 3. 956516）***
INSTITUTION	－ 0. 110126 （－ 3. 481406）***
DEPOSIT	－ 0. 159677 （－ 15. 82301）***
AWARENESS	0. 100719 （1. 227667）
GRANTED	0. 391800 （12. 51732）***
INFORMAL	0. 156029 （4. 453433）***
C	0. 268659 （1. 653199）*

注：1. 圆括号内为 z 统计值。2. 显著性标注：＊＊＊为在 0. 01 的显著水平下，＊＊为在 0. 05 的显著水平下，＊为在 0. 1 的显著水平下。

表5-7 对农户信贷需求具有显著性影响的因素

对农户是否具有信贷需求（Demand）的影响因素	
正向显著因素	家庭常住人口数（POPULATION） 有无民间有息借贷活动（INFORMAL） 是否被信用评级（GRANTED） 受教育程度（EDUCATION） 家庭收入（INCOME）
负向显著因素	农户储蓄存款水平（DEPOSIT） 家庭劳动力平均年龄（AGE） 省份特征变量（LOCATION） 当地有无正规金融机构网点（INSTITUTION） 家庭收入来源（INCOME SOURCE）

三、计量结果分析

（一）对于农户是否有贷款需求的正向因素分析表明

家庭常住人口数（POPULATION）对于农户是否有信贷需求具有正向的显著影响，这表明人口越多的家庭其信贷需求越旺盛。这与实际情况是相符的，人口越多的家庭，用于孩子学杂费、建房以及看病等用途的开支也越大，家庭开支与家庭人口数密切相关。因此，其信贷需求也更加强烈。

教育程度（EDUCATION）对于农户是否有信贷需求具有显著的正向影响，这主要是因为，相对而言，受教育程度高的农户，具有较好的现代金融意识，相比而言具有更广泛的金融知识；而且其生产能力也相对较强，对资金的需要也就更加强烈。

是否被信用社评级并授予信用额度（GRANTED）对于农户是否有信贷需求也有显著的正向影响。农村信用社作为农村地区最主要的金融机构，其业务开展的力度对农户的借贷情况有直接影响作用。农村信用社通过对小额信贷和联保贷款业务的宣传解释，扩大了在农户中的知名度，使广大农户更好地理解了这类业务，并增强了金融意识。

家庭总收入水平（INCOME）对于农户是否有信贷需求具有正向的显著影响，可以这样理解：相对来讲，农户总收入水平高，是其生产经营开展情况良好的反应，生产规模大导致这些农户的资金需求量也较大，而且其偿还能力较强，各类机构也愿意给这些农户提供信贷支持，所以家庭总收入水平越高的农户其信贷需求也越大。

农户所在地有无有息贷款活动（INFORMAL）对农户的信贷需求也具有正向显著影响。民间借贷活动可以反映出当地的非正规金融资源供给程度，非正规金融资源越多，农户的信贷意识就越强，其信贷需求也会越大。

（二）对于农户是否有贷款需求的负向因素分析表明

农户家庭储蓄余额（DEPOSIT）对于农户是否有信贷需求具有显著的负向影响。这表明家庭拥有较多储蓄的农户信贷需求较小。这主要是因为，相对于房产、电器和运输工具等其他固定资产而言，储蓄表现出了很强的变现能力，在需要资金时，家庭有较多储蓄存款的农户依靠自有资金就可以解决问题，因此信贷需求相对而言较小。

户主的年龄（AGE）对于农户是否有信贷需求有显著的负向影响，对于样本农户而言，户主年龄越大越不愿意借贷。导致这一现象产生的原因很可能是随着农户年龄增加，其生产和生活的变化都不会太大，因此其额外产生的信贷需求较少，同时，由于年龄的增大，年轻时期的积累会一直增加，自有资金数额较大，可以应付一定规模的资金需求，不需要外部借款。而年轻人因为正处于创业阶段，思想比较开放，需要资金的地方较多，比较倾向于通过借贷来筹集资金。

省份特征变量（LOCATION）对于农户是否有信贷需求具有显著的负向影响。在此，对于解释变量的影响方向并不重要，因为事实上，在当前农村金融环境中，农村信用社基本上处于金融供给的垄断地位，不同地区农户能否获得信贷，在很大程度上不仅依赖于农户自身的经济和还款状况，而且更多地依赖于农村信用社在当地的服务情况。在实地的调查中，我们发现，在不同地区，有时仅仅因为农村信用社主任的意识观念的差异，就有可能造成当地农村金融市场供需情况的变化。因此，省份特征变量对于农户是否有信贷需求具有显著影响。

家庭收入来源（INCOME SOURCE）对于农户是否有信贷需求也具有显著负向影响。同上，解释变量的影响方向也不重要，该计量分析结果表明，农户家庭生产经营活动种类的不同对于农户信贷需求具有很明显的影响。从事工商业、手工制造业和单纯农业生产的农户，因生产特点的不同，其对流动资金的需求也是完全不同，因此对信贷需求的程度也有明显差别。

农户所在村有无正规金融机构网点（INSTITUTION）对于农户是否有信贷需求具有显著负向影响。在调查数据汇总后可以发现，有 60.1% 的农户回答所在村无正规金融机构网点，但农户到最近金融机构网点平均所需时间仅为 20.4 分钟，这表明虽然农户所在村落并无金融机构网点（一般农信社网点在乡镇一级），但是农户与正规金融机构的空间距离还是比较近的。该项计量结果更说明的是，当农户距离正规金融机构越远，其信贷需求会越加强烈。

5.3.4 正规金融渠道农户借贷行为影响因素的实证分析

一、计量结果

根据调查的数据，以农户在正规金融渠道的借贷行为作为被解释变量进行估计，运用 Probit 方法的分析结果见表 5-8，而由计算结果得出，分别对被解释变量具有显著性影响的因素见表 5-9。

表 5-8　　影响农户正规金融渠道借款行为的因素分析估计结果

被解释变量	
Loan 当年是否从正规金融机构贷款	
估计方法：ML - Binary Probit	
计算观察值数（Sample：19300；Included observations：3 617）	3 617
Obs with Dep = 0	2 636
Obs with Dep = 1	981
解释变量	变量系数及统计值
LOCATION	-0.116441（-12.87759）***
POPULATION	-0.026868（-1.327505）
AGE	-0.008576（-2.529867）**
EDUCATION	0.046596（1.850974）*
INCOME	0.098314（3.251859）***
INCOME SOURCE	-0.090172（-3.310363）***
INSTITUTION	0.150326（2.998331）***
DEPOSIT	-0.048405（-3.172963）***
AWARENESS	0.072983（0.551126）
GRANTED	0.808275（16.23025）***
INFORMAL	0.103201（1.968755）**
C	-0.338650（-1.327812）

注：1. 圆括号内为 z 统计值。2. 显著性标注：＊＊＊为在 0.01 的显著水平下，＊＊为在 0.05 的显著水平下，＊为在 0.1 的显著水平下。

表 5 – 9　　　　　对农户正规金融渠道借款行为具有显著性影响的因素

对农户当年是否从正规金融机构贷款（Loan）的影响因素	
正向显著因素	有无民间有息借贷活动（INFORMAL） 是否被信用评级（GRANTED） 受教育程度（EDUCATION） 家庭收入（INCOME） 当地有无正规金融机构网点（INSTITUTION）
负向显著因素	农户储蓄存款水平（DEPOSIT） 家庭劳动力平均年龄（AGE） 省份特征变量（LOCATION） 家庭收入来源（INCOME SOURCE）

二、计量结果分析

（一）对于农户是否从正规金融渠道得到贷款的正向因素分析表明

是否被信用社评级并授予信用额度（GRANTED）对于农户是否从正规金融渠道获得贷款具有显著的正向影响。这是显而易见的，信用社开展的小额贷款种类可分为抵押贷款、担保贷款（小组联保贷款）和小额信用贷款等，由于农户缺少抵押物并且对于信用社而言抵押物价值的确定也比较困难，农信社开展较多的即为小额信用贷款和联保贷款；在农户接受信用社的评级和授信以后，纳入了金融机构的信用体系中，这对于其获得正规金融渠道的贷款具有很明显的正向作用。

农户的受教育程度（EDUCATION）对于农户是否从正规金融渠道获得贷款具有显著的正向影响，这主要也是因为，相对而言，受教育程度越高的农户对信用社和银行等正规金融的贷款程序也就更加了解和认识；而且其家庭的生产经营范围较广，信贷需求较大，家庭收入较高，一般来讲是正规金融机构比较理想的贷款客户，所以农户较高的受教育程度会对其从金融机构获得贷款有正向作用。

农户的家庭总收入水平（INCOME）对于农户是否从正规金融渠道获得贷款具有正向的显著影响，可以这样理解：一方面，总收入水平越高的农户其在生产经营活动中需要的资金数量也越大，另一方面，总收入水平越高的农户越容易受到信用社的青睐，获得评级与授信更加容易；所以家庭总收入水平越高的农户越容易从正规金融机构获得贷款。

农户所在村有无正规金融机构网点（INSTITUTION）对于农户是否从正规金融渠道获得贷款具有正向的显著影响。当农户距离正规金融机构网点比较近时，一方面农信社倾向于向附近社区的农户贷款，这样会使得农信社更方便了解农户家庭情况，也更方便随时知晓农户生产状况，亦方便催缴还款；另一方面距离较近时也方便农户申请贷款。所以农户与正规金融机构网点距离的远近也在一定程度上影响了农户的正规金融资源可获得性。

农户所在地有无有息贷款活动（INFORMAL）对农户是否从正规金融渠道获得贷款具有正向的显著影响。农户当地的有息贷款活动可以反映出当地的非正规金融资源供给程度，该计量结果显示，农户当地非正规金融资源的供给情况并不会对农户从正规金融渠道获得资金产生负面影响。

（二）对于农户是否从正规金融渠道得到贷款的负向因素分析表明

农户家庭储蓄余额（DEPOSIT）对于农户是否从正规金融渠道获得贷款具有显著的负向影响。这表明家庭拥有较多储蓄的农户较少从金融机构贷款。原因是比较明显的，同样是因为储蓄属于家庭流动资产，从利息成本角度来考虑，需要资金时拥有较多储蓄存款的农户依靠自有资金就可以解决问题，因此较少需要从金融机构贷款。

户主的年龄（AGE）对于农户是否从正规金融渠道获得贷款有显著的负向影响，对于样本农户而言，户主年龄越大越较少从金融机构贷款。主要原因是如前所述，年龄越大的农户其信贷需求越小，另外年龄越大的农户其在农村社区内的人脉资源就越广，在需要资金时可以选择民间借贷，这也使得其比较少地从正规金融机构贷款。

省份特征变量（LOCATION）对于农户是否从正规金融渠道获得贷款具有显著的负向影响。同样，解释变量的影响方向亦不重要，该项计量结果显示，不同省份间的地区差别对于农户从正规金融机构渠道贷款行为影响比较明显，不同省份间农户的贷款行为有比较大的差别。

家庭收入来源（INCOME SOURCE）对于农户是否从正规金融渠道

获得贷款也具有显著负向影响。同上，解释变量的影响方向也不重要，该计量分析结果表明，农户家庭生产经营活动种类（如农业生产为主、工商业活动为主、劳务性活动为主等）的不同对于农户正规金融渠道的借贷行为具有很明显的影响。

5.3.5 非正规金融渠道农户借贷行为影响因素的实证分析

一、计量结果

根据调查的数据，以农户在非正规金融渠道的借贷行为作为被解释变量进行估计，运用 Probit 方法的分析结果见表 5 - 10，而由计算结果得出，分别对被解释变量具有显著性影响的因素见表 5 - 11。

表 5 - 10　影响非正规金融渠道农户借贷行为的因素分析估计结果

被解释变量	
Credit 当年是否从非正规金融渠道借款	
估计方法：ML - Binary Probit	
计算观察值数（Sample：19579；Included observations：7 441）	7 441
Obs with Dep = 0	5 159
Obs with Dep = 1	2 282
解释变量	变量系数及统计值
LOCATION	- 0.016427（- 2.880753）***
POPULATION	0.028337（2.141365）**
AGE	- 0.005897（- 2.775726）***
EDUCATION	0.030147（1.823759）*
INCOME	0.070575（3.437875）***
INCOME SOURCE	- 0.031903（- 1.893954）*
INSTITUTION	- 0.036092（- 1.120620）
DEPOSIT	- 0.152562（- 14.91571）***
AWARENESS	0.178120（2.057696）**
GRANTED	0.255466（8.020991）***
INFORMAL	0.325922（9.225837）***
C	- 0.337539（- 2.021959）**

注：1. 圆括号内为 z 统计值。2. 显著性标注：＊＊＊为在 0.01 的显著水平下，＊＊为在 0.05 的显著水平下，＊为在 0.1 的显著水平下。

表 5 –11　　对农户非正规金融渠道借贷行为具有显著性影响的因素

对农户当年是否从正规金融机构贷款（Credit）的影响因素	
正向显著因素	有无民间有息借贷活动（INFORMAL） 家庭常住人口数（POPULATION） 是否被信用评级（GRANTED） 受教育程度（EDUCATION） 家庭收入（INCOME） 对农信社小额贷款业务认知程度（AWARENESS）
负向显著因素	农户储蓄存款水平（DEPOSIT） 家庭劳动力平均年龄（AGE） 省份特征变量（LOCATION） 家庭收入来源（INCOME SOURCE）

二、计量结果分析

（一）对于农户是否从非正规金融渠道得到贷款的正向因素分析表明

是否被信用社评级并授予信用额度（GRANTED）对于农户是否从非正规金融渠道获得贷款具有显著的正向影响。在本文的分析中，非正规金融渠道包括农户间互助性资金往来、民间有息贷款活动和非正规金融组织如合会等开展的借贷活动等。鉴于农户从非正规金融渠道融资主要是农户间资金互助这一形式的现实情况：农户被信用社评级授信在一定程度上是农户信用等级的体现，而且大多数被授信的农户都是生产经营稳定、收入比较高的，这些农户从非正规金融渠道借款时也会比较容易，所以农户被授信也会对其从非正规金融渠道融资具有正向作用。

农户的受教育程度（EDUCATION）对于农户是否从非正规金融渠道获得贷款具有显著的正向影响，如前分析，相对而言受教育程度越高的农户其家庭的生产经营范围较广，信贷需求较大，家庭收入较高，其从非正规金融渠道融资也会比较容易。

农户的家庭总收入水平（INCOME）对于农户是否从正规金融渠道获得贷款具有正向的显著影响，同样可以这样理解：一方面，总收入水平越高的农户其在生产经营活动中需要的资金数量也越大，另一方面，总收入水平越高的农户其社区资源也比较丰富，能够更加容易获得他人的信任，其他农户对其信用能力评价会较高；所以家庭总收入水平越高的农户也越容易从非正规金融机构获得贷款。

农户对信用社开展的小额贷款业务认知程度（AWARENESS）对于农户是否从非正规金融渠道获得贷款具有正向的显著影响。这一统计结果从理论上很难解释通，因为从道理上讲，农户对信用社的小额贷款业务了解程度越深，就会越偏向于通过正规金融渠道融资；这一计量结果有可能仅仅是统计上的巧合。

农户所在地有无有息贷款活动（INFORMAL）对农户是否从正规金融渠道获得贷款具有正向的显著影响。这一点很容易理解，农户当地的有息贷款活动反映出当地的非正规金融资源供给程度，农户当地有息贷款活动越多，当地非正规金融资源供给越大，农户就越可能从非正规金融渠道获得资金。

农户家庭人口数（POPULATION）对农户是否从正规金融渠道获得贷款具有正向的显著影响。对于这项计量结果，原因一方面是，人口比较多的农户其信贷需求比较大，有可能正规金融机构渠道不能完全满足其信贷需求，需要转向非正规金融渠道；另一方面，人口较多的农户其社区人脉资源比较广，也更容易从非正规金融渠道获得贷款。

（二）对于农户是否从非正规金融渠道得到贷款的负向因素分析表明

农户家庭储蓄余额（DEPOSIT）对于农户是否从非正规金融渠道获得贷款具有显著的负向影响。这表明家庭拥有较多储蓄的农户较少从非正规金融渠道贷款。原因也是比较明显的，需要资金时拥有较多储蓄存款的农户依靠自有资金就可以解决问题，因此较少需要从金融机构贷款。

户主的年龄（AGE）对于农户是否从非正规金融渠道获得贷款有显著的负向影响，对于样本农户而言，户主年龄越大越较少从非金融渠道融资。主要原因亦如前所释，年龄越大的农户其信贷需求越小，其较少需要外部资金，不需要通过非正规金融渠道借款。

省份特征变量（LOCATION）对于农户是否从非正规金融渠道获得贷款具有显著的负向影响。解释变量的影响方向不是我们所关注的因素，该项计量结果显示，不同省份间的地区差别对于农户从非正规金融机构渠道贷款行为影响比较明显，不同省份间农户的贷款行为有比较大的差别。

家庭收入来源（INCOME SOURCE）对于农户是否从非正规金融渠道获得贷款也具有显著负向影响。同上，解释变量的影响方向也不重要，该计量分析结果表明，农户家庭生产经营活动种类（如农业生产为主、工商业活动为主、劳务性活动为主等）的不同对于农户非正规金融渠道的借贷行为具有很明显的影响。

5.3.6 结论

通过对影响农户借贷行为的因素进行计量分析发现，所选取的反映农户人口、收入、资产等特征以及反映农户所在地正规与非正规金融资源可获得程度的一系列因素都对农户借贷行为的三个方面产生了不同方向的显著作用。

农户家庭劳动力平均年龄水平（AGE）、农户家庭储蓄水平（DEPOSIT）两个影响因素均对农户的借贷需求、正规金融渠道借贷行为、非正规金融渠道借贷行为三个方面产生负向显著影响。

首先，年龄因素对农户信贷需求和借贷行为有较大影响。年龄偏长农户的融资价值取向更加传统，他们不会轻易背负债务负担（"不轻言债"）。并且统计显示年龄偏长的农户其资金需求更多的是生活性、救助性信贷需求而不是生产性信贷需求，在家庭资金不足时更倾向于"内源式融资"。即农户当其生计费用不足时，首先寻求的是非农收入（如提供劳务服务等），只有当小农家庭维持生计的费用超过了家庭收入与非农收入之和时，才会产生外部信贷需求。即使存在信贷需求，他们的选择也是倾向于民间融资，即通过非正规金融途径来满足。另外，农户家庭储蓄在流动性程度上基本等同于现金，是家庭可支配收入多少的表现，储蓄多的农户其信贷需求少这一点是显而易见的。

农户家庭劳动力最高受教育水平（EDUCATION）、农户家庭总收入水平（INCOME）、农户是否被信用社评级和授信（GRANTED）、农户当地有无有息借贷行为（INFORMAL）四个影响因素均对农户的借贷需求、正规金融渠道借贷行为、非正规金融渠道借贷行为三个方面产生正向显著影响。

农户家庭劳动力的教育程度与其家庭收入水平之间呈现正相关的关系，该项计量结果意义在于，由于我国农村地区收入水平较高的农户正处于早期积累发展阶段，该部分农户开展生产经营活动所需要的资金需求量比较大，收入因素正面影响了农户的借贷行为。农户被评级授信这一情况也是与其收入水平紧密联系的，因为收入越高的农户越容易被金融机构视为优质客户。而计量结果也表明，被评级授信的农户不仅更倾向于从正规金融渠道贷款，同时也相对更频繁地从非正规金融渠道获得资金。这一点与前面统计分析中"具有信贷需求的样本中仅有 1/4 的农户从正规金融渠道得到贷款"的情况相佐证。

农户家庭收入来源（INCOME SOURCE）和农户所在省份特征变量（LOCATION）两个影响因素均对农户的借贷需求、正规金融渠道借贷行为、非正规金融渠道借贷行为三个方面产生了显著影响。

农户借贷需求意愿特征、行为特征均与地区间不同经济状况、农户不同经济行为紧密相关。首先，收入来源因素的计量结果说明不同生产经营类型的农户其借贷行为是存在相当差异的，金融机构在提供信贷服务时应甄别不同种类的农户、区别其不同的资金需求种类；其次，省份特征变量的计量结果表明，农户所处的地区不同，所在区域经济发展水平存在差别，并且所处的金融供给环境不同，导致了其借贷行为的明显区别。

第6章 小额信贷供给分析

——基于机构的视角

小额信贷需求特点的分析，是开展小额信贷服务的前提和基础。与此同时，对小额信贷机构供给情况的全面掌握，是改善当前小额信贷服务的客观需要。只有全面了解当前供给情况的优势和劣势，才能在提供更有针对性产品方面有所突破。

目前，我国小额信贷的组织形式主要分为三类：

一是正规金融机构开办的小额信贷业务。如农村信用社的小额信贷业务和农户联保贷款、城市商业银行与政府合作的担保贷款、农业银行和邮政储蓄银行等开办的小额信贷业务。这些机构规模庞大，从资金量上看是小额信贷业务的主体，但在机制设计上缺少针对性，其小额信贷业务主要是在政府的推动下开展，自觉性和内生性较差，虽然在广度上具备了一定规模，但服务的深度有待改进，自身财务可持续能力有待加强。

二是近年来新成立的专门提供小额信贷服务的新型机构。主要有商业性的小额贷款公司和资金互助合作社，以及主要在农村地区经营的村镇银行。目前，这一类型的机构正在从试点到正式实行转变，在服务农户和提供贷款方面的作用正越来越突出地表现出来。

三是依靠国际组织援助的非政府形式的小额信贷机构或国内公益组织开办的小额信贷项目。这类机构历史最长，有比较明确的社会发展目标，强调扶贫的社会目标。但这类机构往往规模较小，没有相关法律予以其正式地位，资金来源比较单一，实际运作中也缺乏专业性。目前，这类机构仍存在约100家，能够经营的约有50家，但经营状况不理想，而且市场份额很小。

无论是非政府形式的小额信贷还是其他从事小额信贷业务的机构，

目前来看，一个发展趋势即是逐步纳入正规金融机构，这种转变的重要原因是正规金融机构在从事小额信贷业务方面有一定的优势，更容易得到广大借贷者的认可。

6.1　银行类金融机构从事的小额信贷业务

6.1.1　农村信用社开展的小额信用贷款和联保贷款

为缓解农民贷款难问题，从 1999 年起，在人民银行各项政策和支农再贷款的推动下，各地农村信用社开始逐步推广小额贷款业务，特别是农户小额信用贷款和联保贷款，取得了良好的经济效果和社会反响。农户小额信用贷款是指农村信用社基于农户信誉，在核定的额度和期限内向农户发放的不需抵押、担保的贷款。农户联保贷款是指没有直系亲属关系的 3～5 户农户自愿组成相互担保的联保小组，农村信用社向联保小组的农户发放的贷款。农户联保贷款采取"自愿联合、多户联保、依约还款、风险共担"的办法。根据银监会统计，2008 年末，农村信用社共有网点 49 208 个，其中开办农户小额信用贷款的农信社有 30 774 个，开办农户小组联保贷款的农信社有 22 552 个。农信社覆盖区域内共有农户 1.68 亿户，有贷款需求农户数 8 857 万户，得到两类小额信贷的农户数分别为 3 060 万户和 690 万户，得到小额信贷服务的农户数分别占农户总数和有需求农户数的 22.32% 和 42.34%。2010 年末，全国农村信用社农户贷款余额达到 2 万亿元，其中，农户小额信用贷款和联保贷款余额约为 6 500 亿元，约占农户贷款余额的 33%①。2014 年末，农村信用社（含农村商业银行、农村合作银行）农户贷款余额 3.39 万亿元，同比增长 12%，持有期贷款的农户数达 4 236 万户，平均单户贷款余额 8 万元，比上年末提高 1.3 万元。实践证明，小额贷款业务是农村金融机构满足农村金融需求，促进农村经济发展的有效方式。

---

①　数据来源：中国银监会合作部。

表6-1　农村信用社（含农村商业银行、农村合作银行）基本情况表

单位：个、亿元、%

年份 项目	2007	2008	2009	2010	2011	2012	2013	2014
一、法人为单位机构总数	2 408	2 389	2 363	2 363	2 317	2 364		2 350
（一）两级法人农村信用社（以县市为单位）	460	231	132	87	33			3
（二）统一法人农村信用社	1 818	1 973	1 992	1 976	1 882		1 690	1 484
（三）农村商业银行	17	22	43	84	212	308	468	665
（四）农村合作银行	113	163	196	216	190	157	122	89
二、农村信用社涉农贷款　余额	20 849.95	24 531.37	30 918.66	38 743.17	53 435.46	46 083.34	62 154	70 695
占其各项贷款比例	66.49	65.84	65.81	65.59	68.13	68.94	67.82	66.9
其中：农村贷款	18 902.85	22 225.41	28 077.09	35 138.97	47 321.01	41 170.48	55 000	62 082
其中：农户贷款	11 654.92	13 318.95	16 413.95	20 351.18	23 444.28	26 407.43	30 000	33 889

资料来源：中国人民银行货币政策司、调查统计司。

　　近年来，在相关部门的推动下，农村信用社农户小额贷款业务发展良好。一是调整农户小额贷款政策。全面拓宽农村小额贷款对象、范围、金额、期限、利率。小额贷款对象从传统农户扩大至农村多种经营户、个体工商户以及农村各种微型企业；小额贷款用途由传统农业扩展到有助于农民收入提高的各个产业；小额贷款额度在发达地区可提高到10万~30万元，其他地区提高到3万~5万元；小额贷款期限可根据当地农业生产季节性特点、贷款项目生产周期等决定，个别贷款期限可延长到3年；小额贷款利率坚持"利率覆盖风险"的原则。二是创新农户小额贷款方式。部分农村信用社开发推广农户小额贷款"一卡通"制度，将农户贷款与银行卡功能有机地结合起来，在授信额度内采取"一次授信、分次使用、循环放贷"的管理办法，随用随贷，有效地提高了贷款

便利程度。三是简化农户小额贷款程序。对重点客户和优质客户，实行"一站式"服务，简化贷款审批手续，确定灵活的贷款偿还方式，实行优惠利率。对个别地域面积大、偏僻的乡镇，通过流动服务方式，开展上门服务，提高服务水平。

在各有关部门的政策支持和引导下，农户小额信用贷款和农户联保贷款在全国农村信用社得到了普遍推广，农民贷款担保难问题得到了有效缓解，农户贷款面有所提高。

6.1.2　地方商业银行开展的小额信贷业务

近年来，随着各地城市信用社改革，各地纷纷成立了以地市为统一法人的地方性商业银行（城市商业银行）。为谋求发展，不少地区的城市商业银行在规模上求大、在业务上求全、在途径上求异地设机构和上市，盲目以大型商业银行的标准作为自己的发展方向。但同时，也有部分城市商业银行自身经营和所处环境的特点，将"立足做辖区内中小企业的主流银行"和"零售银行的品牌银行"作为自身发展方向，形成了自身的业务特色和自身的竞争优势。

城市商业银行中，较早开始从事小额信贷业务的主要有哈尔滨银行、包头商业银行、台州商业银行、浙江泰隆商业银行和浙江民泰商业银行。这些城市商业银行都以从事小额信贷业务为主，但在具体的服务对象上略有区别，哈尔滨银行历来重视开展服务"三农"的小额信贷，包头商业银行的服务对象则主要是城市居民，而台州的三家城市商业银行主要客户是中小企业。因其服务的主要对象有所不同，其在小额信贷的业务设置和管理方法上也有所差异，但其小额信贷业务的核心内容是相似的。本报告中以哈尔滨银行的小额信贷业务为例来介绍城市商业银行小额信贷业务的特点。

哈尔滨银行小额农贷的运作模式。哈尔滨银行在总结孟加拉国小额信贷成功经验的基础上，结合哈尔滨市的具体情况，为了更好地满足哈尔滨市农户在生产和经营方面的资金需要以及支持农业发展，自行设计开发了小额农贷联保贷款，并在阿城支行、利民开发区支行和双鸭山分行三个农业贷款中心实行。

哈尔滨银行小额信贷业务主要包括种植业小额农户贷款（最高贷款额度不超过 3 万元）、养殖业小额农户贷款（最高贷款额度不超过 3 万元）、农产品服务业小额农户贷款（最高贷款额度不超过 3 万元）、农业科技项目小额农户贷款（含大棚种植技术、水利引渠、农村高科技试验田）（最高贷款额度不超过 5 万元）。其中种植业、养殖业小额农户贷款期限最长不超过 1 年，农产品服务业、农业科技项目小额农户贷款期限最长不超过 3 年。种植业、养殖业小额农户贷款根据农户的具体情况采取多种还款方式或者到期一次性还本付息等方式，农产品服务业、农业科技项目小额农户贷款可根据农户的具体情况采取按月、季还息，到期还本或者按月等额还款以及到期一次性还本付息等方式。

6.1.3　中国农业银行开展的小额信贷业务

2007 年全国金融工作会议确定了农业银行股份制改革坚持"面向'三农'、整体改制、商业运作、择机上市"的总体原则。农业银行制定了支持"三农"、开拓县域市场的发展战略。2007 年 9 月，农业银行从吉林、安徽、福建、湖南、广西、四川、甘肃和重庆等八个省（市、区）选择了有代表性的 17 个地区、123 个县支行开展面向"三农"金融服务试点工作，探索面向"三农"、商业运作的有效途径。在此基础上，2008 年 3 月，农业银行又选择了甘肃、四川、广西、福建、浙江、山东等 6 个省（区）的 11 个二级分行，组织开展面向"三农"体制机制改革试点，强化面向"三农"的体制机制保障。2011 年 9 月，"三农金融事业部"改革试点扩大到 12 个省（区、市），2013 年 11 月底又进一步扩大到全国 19 个省（区、市）。目前，农业银行县域 72% 的机构、79% 的人员、83% 的存款和 85% 的贷款已纳入试点范围。

农业银行不断完善服务"三农"的体制机制。在试点过程中，针对"三农"贷款时间急、金额小、用信频、期限短的特点，下沉经营重心，扩大二级分行、县支行审批权限，完善信用评级体系，创新担保方式，简化业务流程，构建向"三农"业务倾斜的内部资源配置机制，改进激励约束机制，强化风险管理，正逐步建立起一套有别于城市业务的信贷政策制度体系。

为解决农民"贷款难"问题，农业银行研发了"金穗惠农卡"，该卡具有小额贷款自助、小额信贷循环使用、资金汇兑、电子化缴费、生产消费"二合一"、涉农补贴资金兑付等六大功能，手续简便，实用性较强。农业银行"三农"金融业务呈现良好发展势头。截至 2014 年 12 月末，19个试点省（区、市）县事业部贷款余额 2.26 万亿元，比年初增加 2 340 亿元，增幅 11.55%，高于试点分行整体贷款增幅 0.96 个百分点；较 2010 年5 月增加 1.04 万亿元，增长了 85.34%，高于农业银行整体贷款增速 15.96个百分点。19 个试点省（区、市）县事业部累计发放惠农卡 1.38 亿张，在农村地区设立"金穗惠农通"工程服务点超过 53 万个，在县以下布放转账电话、ATM、POS 机等各类电子机具超过 108.3 万台，代理新农保 890个县，代理新农合 630 个县，代理粮食直补、代收水电费等其他项目共计4 588 个；行政村的服务覆盖率超过 78%。

6.1.4　邮政储蓄银行开展的小额信贷业务

一、存单小额质押贷款业务

邮政储蓄机构于 2006 年开始存单小额质押贷款业务的试点工作，2007 年在全国进行推广。该项业务的特点是农村居民可用自己在邮政储蓄的存单做质押，使他们的"血汗钱"和"防老钱"能够随时使用，让存入"死期"的存款，贷出"活钱"来；农村居民还可以用别人的存单做质押，使那些连存款都没有的农户通过借他人的信誉而从邮政储蓄借出钱来，发展生产，勤劳致富。这种做法既可发挥利用农村社会熟人之间相互熟悉的优点，又可解决熟人间不好打破脸面讨债的问题。

截至 2010 年 10 月 31 日，邮政储蓄银行在农村地区累计发放小额质押贷款 97.18 万笔、400.28 亿元，贷款结余 22.45 亿元，占全部小额质押贷款结余的 77.21%。在业务规模方面，截至 2008 年 6 月末，全国累计贷款发生额已经达到了 61.09 万笔，240 亿元，贷款结余 10.49 万笔，36.08 亿元，在这些贷款中农村网点累计放款 171.47 亿元，结余 29.30

中国农村小额信贷发展路径研究

亿元，小额质押贷款用于农业生产用途的余额为 11 亿元。在给农户带来便利的同时，也对农村的金融市场产生了积极的影响，为农村金融市场的适度竞争创造了有利条件。

二、农村小额贷款业务

邮政储蓄银行小额贷款业务于 2007 年 6 月 22 日在河南开始试点，8 月陆续在北京、山东、浙江、陕西、湖北、福建六省（市）试点。2008 年开始在全国各省推广。

目前，邮政储蓄银行小额贷款业务有农户联保贷款、农户保证贷款、商户联保贷款、商户保证贷款四个贷款产品。服务的对象主要为县域内的广大农户、个体工商户和私营企业主等经济主体。通过对这些客户发放贷款不仅支持了他们扩大自己的生产经营，增加收入，而且促进了地方经济的发展。

截至 2008 年 6 月末，邮政储蓄银行在全国 31 个省（区、市）和 5 个计划单列市共 36 个一级分行全部开办小额贷款业务。在 184 个二级分行、376 个一级支行的 392 个二级支行实际办理了小额贷款业务，其中 246 个在县和县以下农村地区。全国累计发放小额贷款 1.63 万笔、金额 10.2 亿元；贷款结余 1.50 万笔、金额 8.74 亿元。平均单笔贷款金额 6 万元，较好地贯彻了"小额、分散、流动"的原则。其中，农户联保贷款累计发放 4 104 笔，金额 1.78 亿元，农户保证贷款累计发放 1 433 笔，金额 4 968 万元（另外在商户贷款中也有一部分为农村的个体工商户），平均单笔金额仅 2.9 万元，最低贷款金额为 2 000 元。小额贷款资产质量良好，6 月末的逾期贷款率仅为 0.24%。邮政储蓄银行将小额贷款业务作为一项战略性业务，并通过会议和培训使各级管理人员和信贷业务人员充分理解小额贷款业务的社会效益、经济效益和信贷技术、风险控制特点，网络型企业能以几何级数复制和推广业务的优势开始显现，5 月、6 月小额贷款发放量分别为 2.5 亿元、4.3 亿元，7 月已达 8 亿元。

三、发挥网络优势，推广互联网、电话支付服务

截至 2014 年末，邮政储蓄银行银行卡助农取款服务点达 15 万个，已累计小额取现 1 938 万笔，累计取现 49 亿元；布放自助机具（含

ATM，CRS）达 6.6 万台，自助机具交易金额 4.14 万亿元。邮政储蓄银行电话支付终端（商易通）发展户数为 56 万户，当年交易金额为 6 726 亿元，户均年交易金额 120 万元；POS 机投放量达 31 万台，交易金额为 3 111 亿元。重点服务于农村地区，具备储蓄、结算、理财等功能的"绿卡通·福农卡"推广顺利，全国已有 29 家分行发行"绿卡通·福农卡"，期末结存卡户数 2 302 万户，卡户余额达到 671 亿元。邮政储蓄银行大力发展手机银行万能版，积极推广便捷版手机银行。截至 2014 年末，邮政储蓄银行手机银行用户达到 6 392 万户，其中县域地区用户占比为 25%。

正规银行类金融机构从事小额信贷业务是纳入国家监管之下，这就保证了此类产品的审慎性要求。银行类金融机构开展的小额信贷业务是运用自身的储蓄资金，充足的资金来源有助于小额信贷业务的深入和推广。此外，这类机构自身也有较好的内控制度和完善的财务管理制度，这为机构自身的可持续发展提供了保证。

6.2 政府扶贫机构与非政府组织小额信贷业务

6.2.1 扶贫贴息贷款的运作方式

2001 年，中央制定了《中国农村扶贫开发纲要（2001—2010 年）》（国发〔2001〕23 号）。根据《纲要》精神，2001 年 6 月，人民银行会同财政部、国务院扶贫开发领导小组办公室、中国农业银行等部门制定了《扶贫贴息贷款管理实施办法》（银发〔2001〕185 号）。扶贫贴息贷款由农业银行发放和管理。每年的扶贫贴息贷款计划由国务院扶贫办商财政部和农业银行确定，层层下达到各地。政府扶贫部门负责提供扶贫贷款项目，农业银行在扶贫部门提供的扶贫项目范围内选择贷款项目，按 3% 的优惠利率发放贴息贷款。优惠利率执行一年，优惠利率与贷款基准利率之间的利差，由财政贴息，财政部将贴息资金拨付给农业银行总行。

为了提高扶贫贴息贷款的使用效率，自 2004 年，国务院扶贫办会同

中国农村小额信贷发展路径研究

财政部和农业银行先后开展了两项改革试点："到户贷款"改革试点和"项目贷款"改革试点。2006年7月，国务院扶贫办、财政部和中国农业银行联合下发了《关于深化扶贫贴息贷款管理体制改革的通知》（国开办发〔2006〕46号）。根据《通知》精神，将原由农业银行统一下达指导性计划并组织发放贷款分为"到户贷款"和产业化扶贫龙头企业和基础设施等项目贷款（以下简称"项目贷款"）两部分进行操作。

到户贷款的贷款对象为建档立卡的贫困农户，主要用于扶持其发展生产。将到户贷款贴息资金全部下放到592个国家扶贫开发工作重点县，由县选择金融机构发放贷款并与其直接结算贴息。贷款所需资金由承贷金融机构自行筹集。贷款期限由金融机构视实际生产周期自主确定，贴息1年。贷款利率由金融机构根据央行规定的基准利率和浮动利率系数自主确定。中央财政在贴息期内按年利率5%的标准给予贴息。贴息方式可以是政府将资金直接贴给农户，也可以是将资金补偿给金融机构，具体方式由各县自主确定。

项目贷款集中用于国家扶贫开发工作重点县和贫困村，重点支持对解决贫困户温饱、增加收入有带动和扶持作用的农业产业化龙头企业。2006年在河北、黑龙江、江西、湖北、重庆、云南、陕西和甘肃8个省份开展项目贷款贴息资金下放到省试点，由试点省选择承贷金融机构。贷款执行年利率3%的优惠利率，优惠利率与央行公布的一年期贷款利率之间的利差，由省政府贴息。贴息方式可以是政府将资金直接贴给项目实施单位，也可以是将资金补贴给金融机构，具体方式由各地自主确定。其他省市的项目贷款仍由农业银行承担，由财政部和农业银行结算贴息。贷款执行年利率3%的优惠利率。贴息方式是政府将3%与央行一年期贷款利率的差额补偿给农业银行。

根据信贷扶贫工作的实践，2005年7月，配合国务院扶贫办等部门联合下发《关于开展建立"奖补资金"推进小额贷款到户试点工作的通知》，选择四省共8个县开展了建立"奖补资金"推进小额贷款到户的试点，将部分中央财政扶贫资金作为"奖补资金"，用于贫困户贷款的利息补贴、亏损补贴或奖励。通过机制创新，有效激励了各利益主体参与信贷扶贫的积极性。2006 年，在及时总结经验、完善政策的基础上，又增补河北、湖南、云南、广西 4 省份相继开展试点工作。截至 2006 年底，累计发放到户贷款 1.16 亿元，覆盖贫困村 1 211 个（其中 2006 年覆盖贫困村 976 个），扶持贫困户 18 087 户（其中 2005 年扶持贫困户 9 123户，2006 年扶持贫困户 8 964 户），到户贷款占当地扶贫贷款的比例比试点前平均提高 50 个百分点左右。截至 2007 年底，"奖补资金"方式已由扶贫办、财政部、人民银行等部门联合制定政策，由最初的江西等 4 省份扩大到 8 省份，2007 年发放到户贷款 6 018.7 万元，共覆盖 581 个村，扶持贫困农户 8 063 户。

经国务院同意，从 2008 年开始全面改革扶贫贷款管理体制，将扶贫贷款管理权限和贴息资金全部下放到省，其中到户贷款的管理权限和贴息资金全部下放到县；扶贫贷款的发放由任何愿意参与扶贫工作的银行业金融机构承贷；中央继续保留扶贫贷款财政贴息预算资金规模（每年安排 5.3 亿元），于年初下达到各省（区、市），各省（区、市）安排到户的贷款贴息资金不低于贴息资金总额的 50%；扶贫贷款由实行固定利率（3%）改为固定贴息利率，其中到户贷款按年息 5%、项目贷款按年息 3% 给予贴息。

表 6－2　扶贫贴息贷款管理办法新旧版（2001 年与 2008 年）对比

项目	2001 年版	2008 年版
管理权限	中央	省，到户贷款和贴息资金管理权限下放到县
承贷主体	农业银行	凡愿意参与扶贫工作的银行业金融机构
本金筹集方式	由农业银行在系统内统一调度，资金有困难，可向人民银行申请再贷款	金融机构自行筹集
贷款利率	扶贫贴息贷款统一执行年利率为 3% 的优惠利率，扶贫贴息贷款优惠利率与人民银行公布的同期同档次贷款利率之间的利差，由中央财政贴息	根据人民银行的利率管理规定和其贷款利率定价要求自主决定
贷款期限	以一年为主，最长不超过三年	由承贷金融机构根据当地农业生产的季节特点、贷款项目生产周期和综合还款能力等灵活确定

项目	2001 年版	2008 年版
贷款投向	主要用于国家扶贫开发工作重点县	集中用于国家和省扶贫开发重点县及非重点县的贫困村
贴息资金安排	财政部根据国务院扶贫开发领导小组审定的扶贫贴息贷款总量及期限结构，安排贴息资金，纳入当年的财政预算	国务院扶贫办会同财政部和人民银行，根据财政贴息预算资金规模确定当年扶贫贴息贷款的指导性总量计划，并于年初下达各省财政贴息资金及对应引导的扶贫贴息贷款的指导计划
贴息利率	扶贫贴息贷款优惠利率与人民银行公布的同期同档次贷款利率之间的利差，由中央财政贴息	到户贷款按年利率 5%、项目贷款按年利率 3%
贴息方式	贴息资金按季度据实结算，由财政部直接拨补到中国农业银行总行。每季度终了，农业银行将扶贫贴息贷款及期限结构报经当地财政、扶贫部门审核后，层层汇总至总行，总行在次季报财政部审核结算	贴息资金可采取直接或通过金融机构间接补贴给贫困户或项目实施单位两种方式，具体采取何种方式，由各省、县自行确定

资料来源：国务院扶贫办。

6.2.2 贫困村互助资金试点

2006 年以来，为探索和完善财政扶贫资金使用管理新机制，缓解贫困户生产发展资金缺乏、贷款难问题，增加贫困农户收入，提高贫困村、贫困户自我发展能力，国务院扶贫办和财政部联合开展了"贫困村互助资金试点"（以下简称"互助资金"）。中央财政扶贫资金为每个试点村安排 15 万元，建立扶贫互助社，按照"民有、民用、民管、民享、周转使用"的方式，支持村民发展生产。截至 2009 年底，全国 28 个省（区、市）、940 个县、9 003 个村开展了互助资金试点工作，资金总规模累计 17 亿元，其中：中央扶贫资金 4.6 亿元，省级扶贫资金 7.8 亿元，农户缴纳互助金 3.6 亿元，其他资金 1 亿元。约 74 万农户加入了互助组织，其中贫困户 37 万户。

一、互助资金试点的基本概况

互助资金试点严格限制在贫困村，贫困户入社可免交或少交互助金，并享有与其他入社农户同等权利，优先获得资金和技术支持。规范运作和管理，互助社建在行政村，互助资金"不出（跨）村、不吸储"。互助社在民政部门登记注册为非营利性组织。互助资金由财政扶贫资金、村民自愿交纳的互助金、社会捐赠资金等组成。财政扶贫资金、捐赠资金及其增值部分归所在行政村的全体村民共同所有。村民交纳的互助金归其本人所有。互助资金使用权归互助社全体社员所有。

二、基本做法

按照"贫困优先"的原则，将有金融需求但得不到满足的贫困村作为预选村，通过代表现场陈述和答辩，竞争入围，从而调动村干部和村民的积极性。通过村民大会、小组会议和广播、墙报、发放明白纸等多种形式，向全体村民讲解开展互助资金试点的目的、做法等，真正把群众发动起来，发挥主体作用。互助社社员民主选举互助社管理人员、讨论制定《互助社章程》和项目实施方案等规章制度。按照"小额短期、整借零还、有偿使用，滚动发展"的原则，使用互助资金。在互助社内部，设立监督小组，代表全体社员监督执行小组履职情况，并通过设置公示栏、安放小黑板等方式公告公示，保证资金运作公开透明。在互助社外部，村两委、乡镇、县级及以上扶贫、财政部门作为外部监测机构，监督项目的运行情况。在互助社内部，建立退出机制；在互助社外部，试点面较大的省（区、市），积极探索建立以省统筹的风险资金，明确资金筹集、使用、拨付等内容。省、市（地）两级的培训工作，由国务院扶贫办负责；县级培训工作主要由各省负责，乡村培训由县承担。

三、取得的初步成效

有效缓解了农户发展资金短缺的困难，培育了主导产业，促进了贫困户收入的提高。截至 2009 年底，全国互助资金试点村累计发放借款49.39 亿元，有 31 万农户（次）获得借款，借款户年平均增加纯收入1 000元左右。激发了贫困村和农户的积极性和主动性，促进了自我发展能力的提高。互助资金通过提供生产资金，在较大程度上赋予农户自主创业、自我发展生产的机会和空间，农民参与程度高，发展生产的积极性、主动性及信心增强。培育了贫困农民的诚信意识和信用意识，促进了贫困地区农村金融市场的发展。互助组织成员都为本村农户，乡里乡亲，非常珍惜彼此间的信誉，因而各地还款率普遍很高，平均都在98%以上。促进了基层民主建设，提高了贫困社区持续发展能力。互助资金的运作，实行过程公开、结果公示，群众享有充分的知情权和监督权，增强了农户的参与意识和民主意识、监督意识，保证了资金的良性运转和持续发展。创新了财政扶贫资金的使用机制，放大了资金总量。互助资金将财政扶贫资金由一次性无偿投入，变为有偿和滚动使用，放大了资金总量，提高了使用效应；同时通过吸收农户互助金和其他资金，资金总量和带动效应进一步扩大，缓解了资金供求矛盾。促进了邻里关系的改善，增进了社区和谐。利用熟人社会、邻里信用关系把农户联系起来，降低了资金风险，还通过农户借款时的小组讨论，营造了信息互相沟通、技术互相传递、生产生活互相帮助、矛盾互相化解、困难互相克服的良好氛围。

6.2.3 非政府小额信贷组织在中国的发展

从1993年中国社科院"扶贫社"试点开始以后的10多年中，我国非政府小额信贷组织（项目）逐渐得到了发展。按照中国人民银行金融市场司（2004）的分类，我国的非政府小额信贷机构，包括"准政府小额信贷机构"、"民间小额信贷机构"和"国际资助小额信贷机构"。准政府小额信贷机构，指对政府依赖程度较高的非政府组织，项目实施主要依托政府部门，主要有中国扶贫基金会、中国妇女发展基金会、中国人口福利基金会幸福工程开办的小额信贷业务；民间小额信贷机构指小额信贷的资金资源来自海外和民间，具体操作由民间组织进行，主要是指中国社科院农村发展研究所主办的"扶贫社"小额信贷；国际资助小额信贷机构，主要是指国际多边组织在华项目和一些双边援助项目，其资金来源主要依靠国际机构捐助或软贷款，比如联合国开发计划署

（UNDP）、联合国儿童基金会（UNICEF）、国际农业发展基金（IFAD）、联合国人口活动基金会（UNFPA）、世界粮食计划署（WFP）、国际劳工组织（ILO）、世界银行、中国香港乐施会、德国技术合作公司（GTZ）等提供资金，直接或间接开展的小额信贷业务。操作方式上，如澳大利亚国际开发署（AusAID）援助的青海海东农业银行小额信贷项目，澳方政府提供小额信贷资本金 167 万美元，信贷投放由海东地区农业银行通过其乡镇营业所人员以及在当地乡村聘请的"协理员"来分别负责贷款的发放和回收（孙若梅，2005）。由国际鹤类基金会、渐进组织和贵州省政府提供资金，1994 年开始的"草海村寨信用基金"，其采用的独特的技术管理模式引起了较多关注。汪三贵（2001）指出，草海项目的最大特征是村基金由村民选举的"村寨基金管理委员会"进行管理，其管理模式和国际经验中的"村银行"（Village Banking）模式类似。另外，中国扶贫基金会承办的世界银行小额信贷扶贫项目，于 1997 年开始在陕西安康和四川阆中开展试点工作。从宽泛意义上来理解，以上项目和组织均属于非政府小额信贷组织（项目）。我国非政府小额信贷的机构和项目发展的情况见表 6－3。

表 6－3　　　　　　　中国非政府小额信贷组织发展情况一览表

小额信贷项目或机构	开始年	项目数	项目省数	项目县数	项目资金总量（百万美元）	小额信贷资金总量（百万美元）	每县小额信贷资金总量（元）
多边捐赠项目							
联合国开发计划署（UNDP）	1995	32		48	11.11	8.21	1 368 333
联合国儿童基金会	1996	68		68			
儿童基金会 SPPA 项目	1996	25	13	25		6.5	2 080 000
儿童基金会 LPAC 项目	2001	43		43			
联合国人口基金组织	1999	15	13	15	5.05	2.25	1 200 000
世界银行	1997	3	2	3			
国际农发基金（估计）	1980	19		95	473.08	345.7	29 112 615
欧盟林业项目							

中国农村小额信贷发展路径研究

小额信贷项目或机构	开始年	项目数	项目省数	项目县数	项目资金总量（百万美元）	小额信贷资金总量（百万美元）	每县小额信贷资金总量（元）
双边捐赠项目							
加发署	1997						
澳发署青海	1996	1	1	3	4	2.05	4 114 333
荷兰社区发展资金							
新发署社区基金	2005	1	1	2			
其他捐赠者的项目							
国际非政府组织							
中国香港乐施会							
宣明会							
国际鹤类资金	1994	1	1	1			
机会国际							
国际小母牛项目							
国内非政府组织项目							
社科院扶贫社	1994	4	2	4		1.87	3 750 000
中国扶贫基金会	1996	11		11		2.5	5 000 000
四川省乡村发展协会	1996		1				
山西陵县小额信贷	1993	1	1	1			1 500 000

数据来源：程恩江，徐忠：《中国小额信贷发展报告》，内部报告。

　　中国的非政府组织小额信贷以国际机构资助的项目为主，基本都非本土成长起来的。联合国提供资金的项目所占比重最大，也影响最深远。在 20 多年发展变革中，我国的非政府小额信贷一直探索自己的路径，稳步向前发展。目前以商务部交流中心管理的由联合国开发计划署资助的小额信贷机构、中国社科院的扶贫经济合作社、中国扶贫基金会的小额信贷和四川省乡村发展协会为最主要的四类。

表 6 - 4　　　　　　小额信贷组织类型和模式统计（2005 年）　　　单位：家、%

管理机构	机构数目	小额信贷模式		
		小组模式	个人贷款	小组或个人贷款
妇联	23	13	7	3
扶贫基金会	4	4	0	0
幸福工程	4	4	0	0
中国国际经济技术交流中心	14	12	1	1
联合国儿童基金会	28	25	3	0
联合国人口基金	3	2	1	0
宣明会	9	7	1	1
中国社科院扶贫经济合作社	3	3	0	0
其他	16	12	3	1
有效问卷数	104	82	16	6
占比		78.85	15.38	5.77

6.3　小额贷款公司的小额信贷业务及其运作特点

6.3.1　小额贷款公司的设立与发展

2004 年、2005 年和 2006 年，连续三年的中央一号文件提出"要从农村实际和农民需要出发，按照有利于增加农户和企业贷款，有利于改善农村金融服务的要求，加快改革和创新农村金融体制。"近两年，则明确了小额信贷作为一种适当的金融创新应该予以大力发展。

在此背景下，2005 年以来，人民银行、银监会与财政部、商务部、农业部、国务院扶贫办、工商总局等部门就开展小额贷款组织试点问题多次进行专题调研和政策研讨，各方面对开展此项工作的意义和政策原则在认识上基本趋向一致。2005 年 10 月，山西、四川、贵州、内蒙古、陕西五省（区）决定各选择一个县（区）进行小额贷款公司试点。每个试点县（区）都成立了由地方政府牵头的"试点协调小组"，具体协调指导小额贷款组织试点工作。2008 年 5 月，《关于小额贷款公司试点的

95

指导意见》（银监发〔2008〕23 号）下发以来，各地陆续开始出台各项政策，各地试点的小额贷款公司蓬勃发展起来。

人民银行专项调查结果显示，截至 2014 年末，全国共有小贷公司 8 791家，全年新增 952 家。全年共有 138 家小贷公司退出。全国小贷公司从业人员 11 万人，全年新增 1.48 万人，同比少增 9 981 人。截至 2014 年末，小贷公司贷款余额 9 420 亿元，同比增长 15.0%，增速较上年末回落 23.3 个百分点。

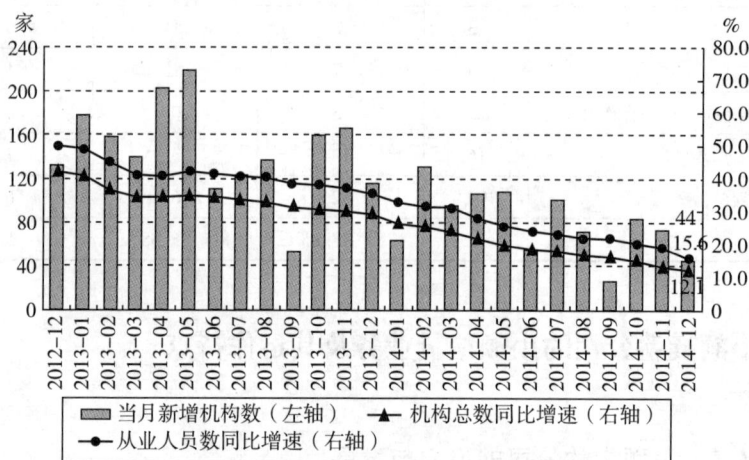

图 6-1　小贷公司新增机构数量及机构总数、从业人员数同比增长情况

表 6-5　　　　全国各省（市）小额贷款公司贷款业务情况表

单位：家、人、万元

地区名称	机构数量	从业人员数	注册资本金	实收资本	本年利润	贷款余额
全国	8 791	109 948	8 210.38	8 283.06	431.93	9 420.38
北京市	71	867	97.48	103.98	8.70	118.46
天津市	110	1 445	126.76	129.77	5.86	137.06
河北省	479	5 524	271.92	270.92	15.52	288.97
山西省	344	3 544	198.52	218.95	1.58	214.51
内蒙古自治区	473	4 756	354.93	343.64	2.51	355.22
辽宁省	600	5 586	383.72	375.86	13.33	346.20

续表

地区名称	机构数量	从业人员数	注册资本金	实收资本	本年利润	贷款余额
吉林省	427	3 575	112.45	111.88	2.38	87.06
黑龙江省	255	2 263	122.74	122.94	3.24	110.35
上海市	117	1 601	166.25	166.25	16.03	204.42
江苏省	631	6 231	1 038.57	929.91	56.48	1 146.66
浙江省	340	4 127	694.00	708.99	75.55	910.61
安徽省	461	5 808	335.15	357.96	11.24	423.70
福建省	113	1 783	258.20	258.20	17.22	301.35
江西省	224	2 925	234.33	244.10	14.44	282.10
山东省	327	4 040	397.36	400.66	33.09	462.44
河南省	325	4 952	223.00	223.03	10.77	246.25
湖北省	272	3 860	303.71	310.28	14.74	330.84
湖南省	127	1 587	85.99	98.27	2.80	106.39
广东省	400	9 274	546.29	559.93	18.65	614.23
广西壮族自治区	312	4 121	245.28	250.53	6.35	358.30
海南省	38	451	37.00	34.50	2.28	38.38
重庆市	246	5 736	516.85	549.25	43.20	743.13
四川省	350	8 245	571.00	582.31	20.57	661.91
贵州省	281	3 244	86.47	86.97	1.42	86.02
云南省	409	3 984	180.70	195.91	6.21	204.18
西藏自治区	12	115	8.11	8.01	0.03	4.82
陕西省	253	2 660	217.19	217.19	8.12	216.63
甘肃省	351	3 337	136.09	144.82	2.60	117.95
青海省	70	818	43.53	49.07	1.41	52.68
宁夏回族自治区	116	1 470	62.65	67.13	2.21	65.25
新疆维吾尔自治区	257	2 019	154.15	161.82	13.41	184.32

资料来源：中国人民银行调查统计司。

6.3.2　小额贷款公司运行的总体特征

总体来看，当前小额贷款公司发展呈现机构数量和业务规模扩张较快、经营状况有所分化、业态种类增多、资金投向趋于多元化等特点，风险总体可控，在支持县域经济发展、服务"三农"和小微企业、提升金融普惠性、引导民间融资"阳光化"等方面发挥了积极作用。截至2014年末，纳入人民银行统计体系的小额贷款公司共 8 791 家，从业人员 11 万人，44.1% 的小贷公司分布在江苏（631 家）、辽宁（600 家）、河北（479 家）、内蒙古（473 家）、安徽（461 家）、吉林（427 家）、云南（409 家）和广东（400 家）八省（区）。小贷公司贷款余额 9 420 亿元，同比增长 15%。西部地区贷款余额占比和新增占比均有提高；川渝和两广地区新增贷款占比合计逾五成。

根据服务"三农"、小企业的宗旨和自身盈利需要，各家小额贷款公司实行"与银行错位经营"策略，找准市场定位，积极为当地专业种植户、养殖户、专业市场商户和特色产业的小企业等生产经营性微小客户提供信贷支持，较好地发挥了资金融通作用。

（一）贷款期限趋短，有效起到解急帮困作用

小额贷款公司的客户一般是被排斥在正规商业金融系统之外的低收入人群和微型企业，其金融需求往往表现为"数量小、需求急、期限短、次数频"等特点，因此小额贷款公司贷款期限趋于短期化，最长期限一般不超过 1 年，并且设有 1 个月、3 个月、6 个月等多种期限档次。据调查，小额贷款公司根据不同的贷款期限以及客户的还债能力，还采取了灵活的还款方式，如按月付息到期还本、按月还本付息、一次性还本付息等。举例来说，浙江乐清正泰小额贷款有限责任公司对于 3 个月以内的贷款采取利随本清的方式，而对于 3 个月以上的贷款通常采用按月付息到期还本的方式；浙江义乌浪莎小额贷款股份有限公司可以一次性借取，多次归还，也可多次借取一次性归还，甚至可以一年内随用随还，循环使用，利息按实计收。小额贷款公司以其期限短、还款灵活等特点成为部分微小企业、个体工商户和农户等弱势群体生产经营流动性资金的重要来源，真正起到了为"三农"和小企业解忧扶困的作用。

（二）担保方式多样，充分发挥金融"毛细血管"功能

由于客户层次偏低、抗风险能力较差，存在严重的信息不对称问题，

因而小额贷款公司大多数采取抵押、质押和保证等担保贷款方式发放贷款。在开展抵质押贷款和保证贷款的同时，各家小额贷款公司大胆思维，积极创新担保方式，不断丰富贷款品种，全力满足客户的贷款需求。据了解，目前主要有以下四种担保方式：一是信用担保，如企业或个人信用担保、企业或农户联保、互保、企业与个人混保、担保公司担保等；二是权利质押，如股权质押、有价单证质押、应收账款质押、商标权质押、摊位使用权质押、土地承包经营权质押等；三是动产质押，如存货质押、仓储质押、机器设备抵押、汽车抵押等；四是不动产抵押，如土地、房产抵押等。部分小额贷款公司还积极同当地房管部门沟通，准备开办集体土地的农房抵押贷款，以更好地服务"三农"和小企业。

（三）贷款利率较高，收益基本覆盖风险与成本

试点以来，各家小额贷款公司都能在政策规定的浮动范围内，根据市场的变化、对象和担保方式的不同采用不同的贷款利率标准。根据人民银行跟踪的数据，贷款利率主要分布在基准利率的 2 至 4 倍之间，总体来说，小额贷款公司贷款利率远高于商业银行的利率水平，而且接近甚至超过当地人民银行监测的民间借贷加权平均利率。主要原因：一是由于小额贷款公司客户风险高、贷款额度小、业务量大，其综合经营成本往往很高，需要高利率来覆盖高风险与高成本，以实现商业可持续发展。二是小额贷款公司的目标客户有能力支付较高的贷款利率。一方面，排斥在正规商业金融系统之外的低收入阶层对利率不太敏感，对于他们来说，最重要的是能够及时、可靠、方便地获得融资，而不是关注贷款价格。另一方面，有银行授信的客户只有在银行信贷需求还存在资金"缺口"的情况下才向小额贷款公司融资，这部分高息融资额在其总融资额中占比较低，整体资金利率成本得以摊薄。三是较高的贷款利率有助于提高低收入阶层对小额贷款的可获得性，真正实现服务"三农"和小企业的初衷。

（四）贷款流程简便，信贷服务水平不断提升

针对金额小、频率高、时间急的信贷需求，小额贷款公司不断简化贷款流程，提升贷款办理速度，以更为灵活更为快捷的方式满足客户融

资需求。调查走访了解，小额贷款公司的贷款流程较为简便，详细小额信贷流程如图6－2所示。在调查审查方面，大多数采取双人负责制，一位负责调查，一位负责审查，且调查、审查同步进行。浙江平阳恒信小额贷款公司则采用了预约方式对客户的信用、财产、担保等情况采取预调查，进一步缩短了贷款办理时间。在贷款审批方面，对于小额度的贷款，一般由客户经理和有权审批人双人签字即可；对于额度较大的贷款，则需提交贷审会审议。据调查，一般情况下一笔贷款1至2天内就能完成；部分资质、信誉好的老客户，在准备好相关材料后，甚至在半个小时内就能获得贷款。此外，大多数小额贷款公司还开通了24小时咨询电话、双休日绿色放款通道等，为客户提供方便快捷的服务，达到了客户和自身的双赢。

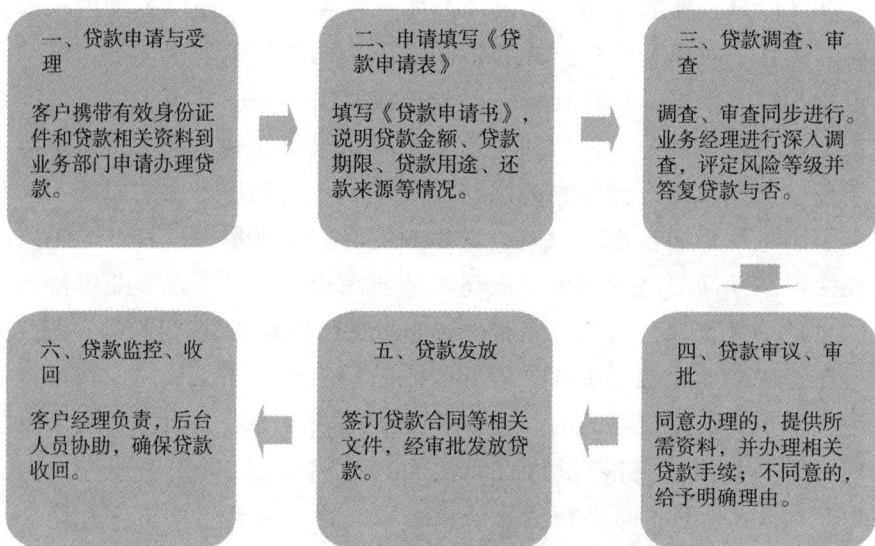

一、贷款申请与受理

客户携带有效身份证件和贷款相关资料到业务部门申请办理贷款。

二、申请填写《贷款申请表》

填写《贷款申请书》，说明贷款金额、贷款期限、贷款用途、还款来源等情况。

三、贷款调查、审查

调查、审查同步进行。业务经理进行深入调查，评定风险等级并答复贷款与否。

六、贷款监控、收回

客户经理负责，后台人员协助，确保贷款收回。

五、贷款发放

签订贷款合同等相关文件，经审批发放贷款。

四、贷款审议、审批

同意办理的，提供所需资料，并办理相关贷款手续；不同意的，给予明确理由。

图6－2　小额贷款公司典型贷款流程图

（五）内控制度初步建立，风险防范能力有所加强

在试点过程中，小额贷款公司不断完善法人治理结构、强化内控制度建设，加强风险防范能力。一是完善组织。多数小额贷款公司设立二室（董事长室、经理室）、三部（业务部、风险部、综合部），从组织结

构上实行内外制约和岗位制约，保证经营决策分离、审贷分离。二是建章立制。根据公司实际情况，制定了小额贷款公司贷款流程、贷款管理办法、贷款客户分类实施细则、客户经理考评办法、经营目标考核细则等一系列制度，基本上做到了有章可循，实现责、权、利相统一。三是严格风控。小额贷款公司通过强化制度执行，保证规范操作来防范信贷风险。在贷款调查方面，执行三必问、三必看、察三品、查三表。三必问：问信用状况、家庭情况、经营情况；三必看：看借款人、员工、车间仓库；察三品：察人品、产品、保证品；查三表：查银行账、财务报表、水电表。在贷款操作方面，根据"三筛一核、三道防线"原则，严格调查、审查、审批各环节。三筛一核：客户经理通过贷前调查进行初选，作为第一把筛；信贷负责人进行贷时审查，实现第二把筛；总经理完成审批，实现第三把筛；最后风控人员实行审核，确保贷款手续合法、准确、完善。三道防线：选好客户、落实担保、实行保险。

6.4　互联网金融模式下小额信贷业务的发展

互联网金融模式下的小额贷款是指互联网企业通过其控制的小额贷款公司，向旗下电子商务平台客户提供的小额信用贷款。典型代表如阿里金融旗下的小额贷款公司。互联网小额贷款业务凭借电商平台和网络支付平台积累的交易和现金流数据，评估借款人资信状况，在线审核，提供方便快捷的小额贷款。

蚂蚁小贷。蚂蚁小贷从 2010 年开始为阿里巴巴 B2B 网、淘宝网、天猫网的会员提供小额信贷服务。相比传统金融服务模式，其特点在于：第一，以数据分析为基础的全流程风险管理模式。充分挖掘平台上积累的客户信用和行为数据，向这些通常无法在金融机构获得贷款的小微企业提供"金额小、期限短"的小额贷款服务。第二，采用自动化、批量化的信贷流水线操作模式。部分信贷产品，如淘宝订单贷款，自动生成客户的信用评分和可授予的信用额度。贷款申请和管理全过程在互联网上完成，客户首次申请贷款最快可以在几分钟内放款。传统信贷模式下单笔信贷操作成本约 2 000 元，蚂蚁小贷模式下仅约 2.3 元。截至目前，蚂蚁小贷商户的户均借款余额为 3 万～4 万元。

　　互联网金融市场定位主要在"小微"层面，具有"海量交易笔数，小微单笔金额"的特征，这种小额、快捷、便利的特征，具有普惠金融的特点和促进包容性增长的功能，在小微金融领域具有突出的优势，一定程度上填补了传统金融覆盖面的空白。

第7章 主要机构小额信贷
绩效评价与业务比较

从产生和发展过程来看，小额信贷业务与一般金融业务有较大区别。小额信贷业务的产生首先与低收入和贫困紧密相连，它的产生主要是为了解决正规金融无法为一部分特定人群提供金融服务这一全世界范围内普遍存在的问题。小额信贷的产生为缓解贫困提供了一条可供选择的路径。本节将从宏观和微观两个层面对小额信贷发展产生的影响进行分析，选取两个主要从事小额信贷的机构，即农村信用社和小额贷款公司，从它们开展小额信贷业务对整体农村金融改革的影响和对当地农户、经济和自身机构影响两个方面进行分析。

7.1 小额信贷额度标准论述

目前，小额信贷额度并没有一个统一、权威的标准。国际上，小额信贷额度一般用当地人均 GDP 的倍数来衡量，并参考区域、消费水平、目标客户和主导机构等其他因素进行综合调整。原亚洲开发银行经济学家汤敏研究表明，小额信贷额度标准的国际经验一般是 8 000 ~ 10 000 美元。微型金融产品的国际实践中，短期贷款（3 ~ 12 个月）小额信贷额度一般为 50 ~ 5 000 欧元，拉美地区为 2 000 欧元左右，长期贷款（18 ~ 36 个月）小额信贷额度标准一般为 2 000 ~ 10 000 欧元。从世界各国实际来看，小额信贷额度标准也各异（见表 7 - 1）。

我国小额信贷额度同样没有普适标准。2006 年颁布的《关于改进和完善小额担保贷款政策的通知》（银发 [2006] 5 号）规定：对个人新发放的小额担保贷款最高额度一般不超过 2 万元；符合贷款条件的劳动

表 7-1   国际上小额信贷额度标准参考

国家或地区		额度标准
南非		≤10 000 兰特（约合 10 000 元人民币）
印度尼西亚		≤5 000 美元（约合 35 000 元人民币）
菲律宾		≤15 万比索（约合 21 000 元人民币）
印度	农业类、非农业贷款和普通贷款	≤50 000 卢比（约合 7 500 元人民币）
	其他贷款	≤40 000 卢比（约合 6 000 元人民币）

密集型小企业的小额担保贷款最高不超过 100 万元。2008 年颁布实施的
《关于进一步改进小额担保贷款管理积极推动创业促就业的通知》（银发
［2008］238 号）提高了小额担保贷款的最高额度，规定对个人新发放的
小额担保贷款的最高额度由 2 万元提高到 5 万元；符合贷款条件的劳动
密集型小企业的小额担保贷款最高额度由不超过 100 万元提高到不超过
200 万元。实践中，农业银行、城市商业银行、农村信用社、非政府组
织、小额贷款公司等各类机构对于小额信贷额度标准的规定也各不一样，
由数千元至数万元甚至数十万元不等。

7.2 农村信用社农户小额信贷的绩效评价

7.2.1 农村信用社农户小额信贷的基本情况

1999 年，为解决农户"贷款难"和农村信用社"难贷款"双方面
的问题，我国农村信用社在借鉴国外扶贫小额信贷模式的基础上，开始
了农户小额信用贷款和联保贷款的尝试。2002 年，中国人民银行在全国
范围内开始普遍推行农户小额信用贷款。农村信用社开展农户小额信贷
业务，可以被认为是小额信贷在中国发展的一个转折点，即小额信贷开
始被纳入正规金融体系，由正规金融机构经营。

农村信用社开展小额信贷业务以来，发展迅速，得到农户广泛好评。
据中国银监会统计，2008 年末，农村信用社共有网点 49 208 个，其中开
办农户小额信用贷款的农村信用社有 30 774 个，开办农户小组联保贷款

的农信社有 22 552 个。农村信用社覆盖区域内共有农户 1. 68 亿户，有贷款需求农户数 8 857 万户，得到两类小额信贷的农户数分别为 3 060 万户和 690 万户，得到小额信贷服务的农户数分别占农户总数和有需求农户数的 22. 32% 和 42. 34%。2008 年末，全国农村信用社农户贷款余额达到 9 334. 59 亿元，其中，农户小额信用贷款和联保贷款余额约为 2 617 亿元，约占农户贷款余额的 28%。到 2014 年末，农村信用社（含农村商业银行、农村合作银行）农户贷款余额 3. 39 万亿元，同比增长 12%，持有其贷款的农户数达 4 236 万户，平均单户贷款余额 8 万元。

7.2.2　对农村金融改革的影响及绩效评价

由于我国长期以来，金融机构行政化管理倾向较为严重，农村信用社业务受到了一系列干预，自身缺乏开展金融业务创新的动力，业务长期局限于简单的储蓄存款和抵押贷款以及部分农户扶贫贷款等。小额信贷业务的引入虽然也是行政部门引导的结果，但对调动农村信用社自身能动性、挖掘市场潜力方面具有重要的影响力。

农村信用社的小额贷款业务发展历史由来已久。1949 年新中国成立之初，为解决个别农户资金需求困难问题，农村信用社就为农民提供过小额贷款。1978 年之后，为配合家庭联产承包责任制的兴起，农村信用社逐步恢复了针对农民个人的小额贷款，但当时的小额贷款主要是农村信用社根据农业银行指令发放，缺乏自身的主动性，而且基本是扶贫性质的贷款，对解决农户发展生产方面的资金需要作用甚微。

20 世纪 90 年代末开始的新一轮农村金融市场化改革的重要突破点即是农村信用社小额信用贷款和联保贷款业务的开展。1999 年，为提高农户信贷资金可得性，首先在农村最大的金融机构——农村信用社开始推广小额信用贷款和联保贷款。这一业务的开展同时伴随着农村信用社自身改革的起步。小额信用贷款和联保贷款业务的开展探索了无抵押无担保的信用贷款模式，对于解决 8 亿多农户的基本资金需求具有重要意义，也为机构、人员众多的农村信用社开辟了新业务，为其探索如何更好地服务广大农户提供了通道。事实证明，正是农村信用社小额信贷业务的发展，为整个农村金融改革掀开了新的一页。

小额信用贷款和联保贷款模式，一定程度上解决了农村金融市场上由于信息不对称所造成的供求失衡状态，使得农户"贷款难"和金融机构"放款难"问题得到了缓解。同时，该模式"一次核定、随用随贷、余额控制、周转使用"，形成了动态激励机制，有利于客户建立主动还款意识，实现了较高的贷款回收率，制度绩效明显。对农村信用社自身经营实力的增强有积极推动作用。

此外，农村信用社小额信贷业务的成功，对农村金融市场的创新改革实践起到重要引导作用。农村信用社小额信贷业务覆盖面的不断扩大，引发其他金融机构竞相在农村地区推出类似的小额贷款业务，增强了农村金融市场的竞争性，这对各机构提高服务质量，开发更适合农户需求的产品增加了动力。而且小额信贷业务的成功运作，在一定程度上证明了在农村地区只要通过合理的机制设计和风险控制，也能在满足农户需求的同时实现自身的盈利。这对引导广大金融机构到农村地区开展业务具有很强的示范性和带动性，而引导金融机构到农村经营和推进产品创新，正是这一阶段我国农村金融改革的重中之重。近年来的实践也证明，小额信贷业务的开展是农村金融改革的重要成效，而它自身也成为推进农村金融改革的关键因素之一。

7.2.3 对农村信用社改革和发展的影响及绩效评价

长期以来，农村信用社不良资产比率过高、负担沉重是其改革进展过程中的一大突出难题。从理论上来说，小额信贷和联保贷款是一种较为适合农户需求的金融服务产品，农村信用社以此作为农村金融服务的突破口，应该能取得较好的绩效。而从实际运行情况来看，小额信贷和联保贷款开展以来，农村信用社业务量确实不断扩大，资产质量也在一定程度上得到了提高，当然这也与同时进行的央行资金支持有紧密关系。

截至 2010 年 6 月，农村信用社存款余额为 7.9 万亿元，贷款余额达 5.4 万亿元，比 2002 年改革之初分别增长了 4 倍和 3.9 倍。涉农贷款余额达 3.66 万亿元，与 2007 年相比，增幅为 76%。

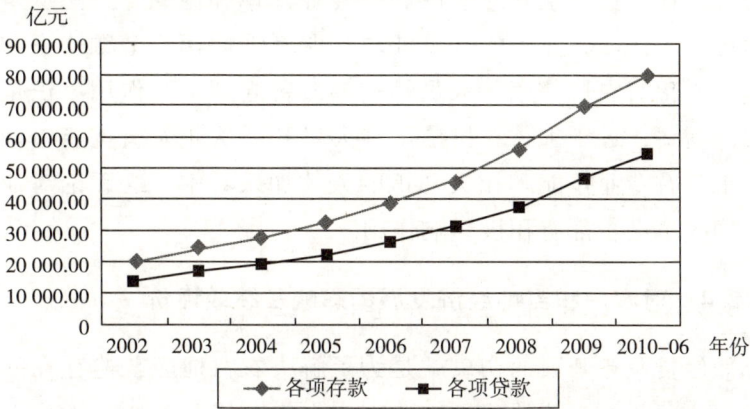

图 7 - 1　农村信用社小额信贷业务开展以来历年存贷款变化情况

　　与此同时，农村信用社（含农村商业银行和农村合作银行）不良贷款率持续下降，不良贷款余额也有所下降。按照贷款五级分类口径统计，2014 年末，全国农村信用社不良贷款比例为 3.8%，比 2007 年末下降 17.2个百分点。资本充足率为 13.2%，比 2007 年末提高 13.3 个百分点。

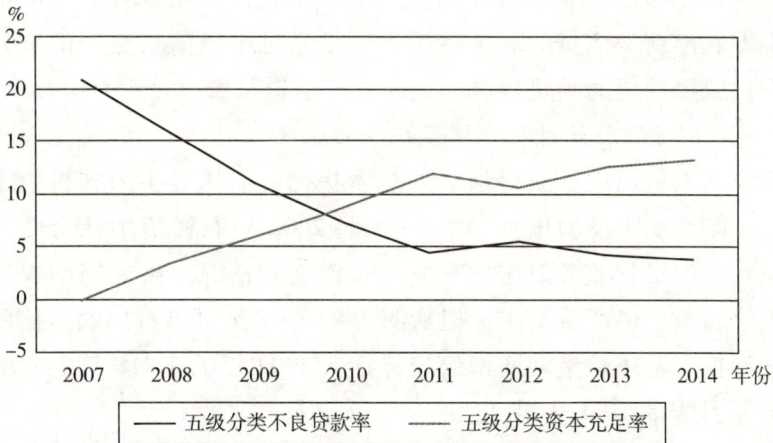

图 7 - 2　农村合作金融机构不良贷款和资本充足率变化情况

　　农村信用社小额信贷和联保贷款业务的开展，也对其从业人员提出了更高的要求。改革之前，因农村信用社业务单一，加之历史遗留问题，

107

其大部分工作人员严重缺乏金融相关专业知识和经验，只能从事简单的日常事务性工作。新业务的开展要求从业者掌握相关金融知识和业务技能，这一变化对农村信用社人员结构的改善起到重要作用。正是因为业务开展的需要，近年来，农村信用社大量开展从业人员技能培训并新招录一大批具有专业技能和相关知识的人才加入其中，这无论对业务扩大还是机构改革进步都有积极影响作用。

7.2.4　对农户和当地经济发展的影响及绩效评价

小额信贷业务开展的初衷就是为了解决农村地区普遍存在的农户贷款难问题。因此，本节的分析主要围绕小额信贷业务如何影响农户的生产、生活，进而如何影响当地整体经济发展来展开。

一、小额信贷对农户影响的绩效评价

小额信贷业务开展对农户产生的影响本质来说即是此项业务开展后是否达到了预期的目标，这也是对其进行绩效评价的主要方面。以下我们主要从两个方面来分析小额信贷业务对农户的影响，一是从信贷供给总量来看，小额信贷业务的开展是否增加了农村信用社对农户的信贷投入，也即农户获得信贷的总体状况；二是通过小额信贷这一信贷创新方式，农户获得信贷的满足程度，也即农户信贷覆盖率是否有所提高。

（一）农村信用社对农户信贷投入的状况

农户从农村信用社获得信贷的总体状况可以从近年来农村信用社信贷供给不断增加中反映出来。图 7－3 是 2002 年农村信用社全面开展小额信贷和联保贷款业务以来农户贷款余额变化情况。虽然当前农村地区信贷供给总量上仍严重不足，但从图 7－3 中仍然可以看出农村信用社农户贷款的投入量还是呈现递增的趋势，从 2002 年的 4 218.7 亿元增加到 2010 年 6 月末的 19 470.35 亿元。

（二）农户获得信贷的满足程度

根据中国银监会统计，目前，我国 8 亿农户中，约有 8 242 万户获得了农村信用社提供的小额信用和联保贷款，占全国农户总数的 33.5%，而且这一数据从 2002 年以来，一直维持在较高水平上。

亿元

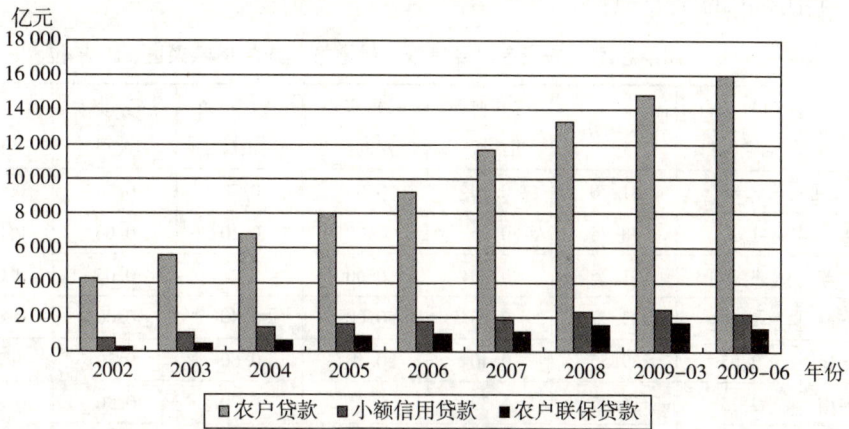

图 7 - 3　农村信用社农户贷款余额变化情况

表 7 - 2　　2002—2009 年农村合作金融机构贷款的农户覆盖率

单位：万户、%

年份	2002	2003	2004	2005	2006	2007	2008	2009
获得贷款户数	6 644.00	7 716.00	7 990.00	8 370.00	8 652.00	7 817.32	7 783.35	8 242
占所有农户比例	29.68	33.82	35.63	36.19	37.19	33.20	32.04	33.5
占有贷款意愿且有贷款条件农户比例	68.03	75.15	77.67	80.33	81.45	72.30	71.65	79.35

数据来源：中国银监会。

（三）小额信贷的开展对农户金融意识的增强具有引导作用

农村信用社小额信贷业务的开展使广大农户对正规金融机构提供的金融服务有了直观的认识和理解，而且对部分农户真正获得贷款起到重要示范作用，越来越多的农户愿意到正规金融机构申请服务。具体调查数据①也证明了这一点。

调查中，当被问及农户最愿意选择的借款渠道时，除了选择向亲朋或关系户无息借款之外，选择"向信用社借款"在调查的 10 个省中都占据了第二位的选择意向，由此可见农村信用社在农村金融市场和农户

① 数据来源于中国人民银行和国家统计局 2007 年开展的 2 万户"农户借贷情况问卷调查"。

心目中所占的主导地位。

表7-3　　　如果您家急需资金时要借款，最愿意选择的借款渠道　　单位：%

省份	(1) 国有商业银行	(2) 信用社	(3) 邮政储蓄银行	(4) 资金互助社	(5) 村镇银行	(6) 贷款公司	(7) 合会
内蒙古	3.80	41.70	0.10	0.00	0.00	0.15	0.05
吉林	1.30	38.75	0.35	0.00	0.10	0.00	0.05
江苏	3.70	31.25	0.70	0.60	1.25	0.05	0.00
安徽	2.96	33.77	0.25	0.00	0.40	0.00	0.00
福建	2.65	29.55	0.40	0.10	0.60	0.10	4.25
河南	2.25	16.47	0.39	0.15	0.20	0.00	0.00
湖南	1.30	18.41	0.25	0.00	0.10	0.05	0.00
四川	1.00	43.10	0.65	0.00	0.30	0.00	0.05
贵州	1.20	46.75	0.60	0.10	0.20	0.00	0.25
宁夏	3.00	42.40	0.15	0.00	0.20	0.00	0.00

年份	(8) 其他金融会	(9) 向亲朋或关系户无息借款	(10) 向亲朋或关系户有息借款	(11) 乡村干部	(12) 工商业主	(13) 国际项目
内蒙古	0.00	43.45	10.50	0.05	0.20	0.00
吉林	0.05	51.75	7.65	0.00	0.00	0.00
江苏	0.10	56.75	5.40	0.00	0.20	0.00
安徽	0.20	58.14	4.12	0.05	0.10	0.00
福建	0.15	53.25	8.70	0.05	0.20	0.00
河南	0.20	77.45	2.79	0.00	0.10	0.00
湖南	0.40	75.66	3.66	0.00	0.15	0.00
四川	0.05	50.60	4.20	0.00	0.05	0.00
贵州	0.20	48.00	2.80	0.00	0.10	0.00
宁夏	0.05	51.20	2.80	0.00	0.20	0.00

　　若要扩大种养殖业规模或是做生意、办企业，"向信用社融资"更是农户的重要选择来源。如表7-4所示，内蒙古、吉林、四川、贵州、宁夏、安徽6省向信用社借款来扩大生产，是其首要选择；而江苏、福

建、湖南 3 省向信用社借款和向亲戚朋友借款的比例大体相当；只有河南，向亲朋借款的比例明显高于向信用社借款的比例。

表 7 - 4　农户需要大规模资金支出时所依靠的最主要的五种资金来源渠道①

单位：%

省份	农村信用社	亲戚朋友	自我积累	国有商业银行	其他
内蒙古	34.26	29.51	21.58	5.78	2.82
吉林	36.63	32.24	19.68	4.50	1.63
江苏	29.05	29.69	23.77	6.27	3.52
安徽	31.78	31.11	23.88	3.48	3.95
福建	28.27	29.88	21.06	4.53	3.22
河南	26.40	35.27	25.05	4.72	2.24
湖南	31.60	33.75	22.97	4.80	3.13
四川	33.13	29.63	22.28	6.08	2.32
贵州	33.75	27.84	23.65	4.51	5.85
宁夏	33.72	30.53	21.97	8.03	1.11

二、小额信贷对当地农村经济发展的影响

　　小额信贷业务的开展对缓解当地农户资金需求紧张的状况发挥了重要作用，而资金约束的缓解又促进了农户扩大再生产经营活动的开展。调查中发现，农村信用社小额信贷业务开展较早的地区，一般当地的经济发展状况与周边相比都有明显优势。获得小额信贷的农户越多，当地的经济发展越好。这当然可能跟当地其他经济条件有关，但小额信贷的积极作用不能忽略。小额信贷的产生发展也对该地区的信用环境起到积极引导作用，信用环境较好的地区，更容易吸引到投资，更有助于地方经济社会的良性发展。

---

　　①　调查问卷当中所涉及的农户的资金渠道共计以下 13 种：（1）农村信用社，（2）国有商业银行，（3）邮政储蓄银行，（4）村镇银行，（5）贷款公司，（6）互助会（社），（7）合会（轮会、标会等），（8）亲戚朋友，（9）乡村干部，（10）工商业主，（11）国际项目，（12）自我积累，（13）其他，农户可依据重要性对渠道进行排序。在此依据重要性的不同，取前 4 位最重要的借款渠道进行加权计算（分别赋予权重 0.4 ~ 0.1 不等），最终得出了借款渠道重要性的排列顺序。

7.3　小额贷款公司小额信贷的绩效评价

7.3.1　小额贷款公司小额信贷发展的基本情况

2008 年 5 月，中国银监会和中国人民银行联合发布了《关于小额贷款公司试点的指导意见》（以下简称《指导意见》），将小额贷款公司试点扩大到全国范围。并对小额贷款公司的性质、设立、资金来源、资金运用、监督管理和终止等进行了规定。由此，浙江、上海、江苏、福建、安徽、甘肃等省市相继启动了小额贷款公司试点。《指导意见》规定小额贷款公司应坚持"小额、分散"的原则，面向农户和微型企业提供小额信贷服务。之后试点的 20 个省（市）也同样强调小额贷款公司业务应坚持为"三农"和县域经济发展服务的原则，具体业务范围略有差别。

从贷款业务方面来看，浙江省小额贷款公司试点工作进展速度最快，且较好地坚持了"小额、分散"的信贷原则。截至 2009 年 3 月末，浙江已正式注册开业的 58 家小额贷款公司，贷款余额为 70.39 亿元，户数为 10 780 户，均居全国首位，其中贷款余额 50 万元以下的贷款金额占比为 60.77%、户数占比为 91.44%，分别超出全国平均水平 21.31 个百分点和 6.67 个百分点。

小额贷款公司试点运行以来，在服务"三农"和小企业等弱势群体的同时保持了较低的不良贷款率，并整体上实现了盈利。

从贷款质量来看，小额贷款公司整体情况较好。截至 2014 年末，全国共有小贷公司 8 791 家，同比增长 12.1%，增速较上月末和上年末分别回落 1.1 个和 16.8 个百分点。全年小贷公司新增 952 家，同比少增 807 家；12 月当月新增机构 44 家。全年共有 138 家小贷公司退出，其中 12 月当月退出 30 家。同期，小贷公司从业人员 11 万人，同比增长 15.6%，增速较上月末和上年末分别回落 3.3 个和 19.7 个百分点。全年小贷公司新增从业人员 1.48 万人，同比少增 9 981 人。截至 2014 年末，小贷公司贷款余额 9 420 亿元，同比增长 15.0%，增速较上月末和上年末分别回落 2.3 个和23.3 个百分点。全年小贷公司新增贷款 1 228 亿元，同比少增 1 041 亿元，其中 12 月当月新增 190 亿元，较上月多增 120 亿元。

7. 3. 2　对农村金融改革的影响及绩效评价

小额贷款公司的设立和发展是在我国政府强调开放农村金融市场，放宽农村金融市场准入条件，加强农村金融市场竞争这一前提下产生的。为了构建适度竞争的农村金融体系，探索建立更加贴近农民和农村需要的小额贷款组织，2008 年 5 月，中国银监会和中国人民银行联合发布《关于小额贷款公司试点的指导意见》，正式启动了小额贷款公司试点工作。小额贷款公司的贷款具有"短、小、灵活"等特点，为支持"三农"和小企业发挥了重要作用，也为民营资本涉足金融领域进行了有益尝试，在一定程度上增强了农村金融市场适度竞争的局面。

小额贷款公司作为"以贷款业务"为唯一业务的机构，它的出现，推动了农村金融机构体系的完善，进一步加快了农村金融市场的开放，提高了农村金融市场的竞争程度和运行效率，填补了部分地区农村金融服务空白。这一试点对按照市场原则构建适度竞争农村金融机构体系进行了有益尝试，对促进提升农村金融服务水平发挥了积极作用。

小额贷款公司在引导民营资本"支农支小"方面发挥了积极作用。一是小额贷款公司投资以民营资本为主，部分地区民营资本投资占比接近100%。二是小额贷款公司"短、小、灵活"的贷款，可有效满足农村社区和小企业的融资需求。这些贷款一般以短期为主，平均贷款额度较低，贷款担保方式灵活，贷款手续方便快捷，还款形式也灵活多样。三是接近90%的小额贷款公司在"支农支小"的同时，已实现不同程度的可持续发展。四是"银小"合作取得初步经验，小额贷款公司可将银行与弱小客户连接起来，在大资金和小客户之间发挥了桥梁作用。

7. 3. 3　对农户和当地经济发展的影响及绩效评价

小额贷款公司试点以来，以服务"三农"和小企业为宗旨，依法合规经营，稳妥开展各项业务，逐步形成了自身鲜明的经营模式和特点，

113

中国农村小额信贷发展路径研究

对满足当地农户需求和促进经济发展发挥了积极作用。

一、客户定位合理，较好地覆盖"银行信贷盲区"

根据服务"三农"、小企业的宗旨和自身盈利需要，各家小额贷款公司实行"与银行错位经营"策略，找准市场定位，积极为当地专业种植户、养殖户、专业市场商户和特色产业的小企业等生产经营性微小客户提供信贷支持，较好地发挥了资金融通作用。分地区看，各省（市）小额贷款公司贷款投向有较大差异，云南贷款客户主要是当地农户；天津、湖北、陕西、内蒙古和贵州贷款主要投向个体工商户等其他个人；上海、江苏、广东、四川、山西和福建贷款主要投向当地中小企业，企业贷款余额占比都超过50％，而辽宁、山东、浙江、安徽和甘肃各类贷款客户分布较为均匀。据调查了解，这些目标客户主要有以下几种类型：一是产品有市场、经营有效益、发展有潜力，但不符合银行授信标准的微小企业；二是具有一定技能或经营经验，但缺少流动资金进行创业或扩大业务规模的农户、个体工商户等弱势群体；三是有银行授信但授信额度不够，且不能及时从银行得到贷款需求满足的客户，用途多属于临时周转；四是银行评估担保物抵质押率过低，或抵押品不符合正规银行要求的一些低端客户。

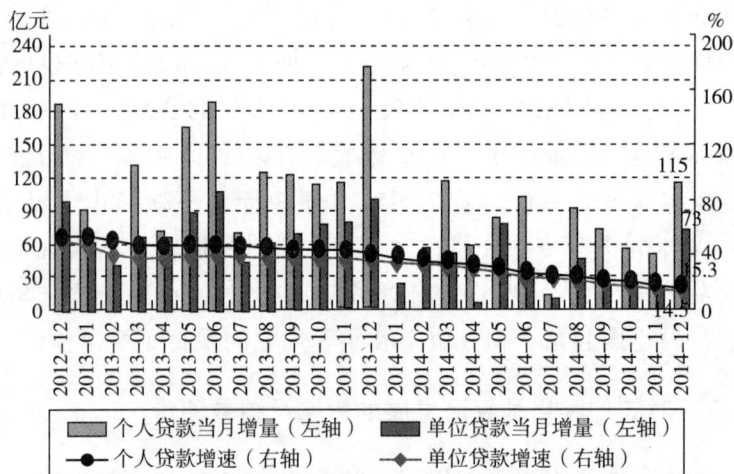

图7-4 小贷公司个人贷款和单位贷款的当月新增量和余额同比增长情况

　　此外，小额贷款公司贷款申请流程简便，一般情况下一笔贷款 1 至 2 天内就能完成；部分资质、信誉好的老客户，在准备好相关材料后，甚至在半个小时内就能获得贷款。大多数小额贷款公司还开通了 24 小时咨询电话、双休日绿色放款通道等，为客户提供方便快捷的服务，达到了客户和自身的双赢。

　　小额贷款公司客户定位明确、贷款手续简便、额度灵活等特点，十分契合当前农户的信贷需求特点，因此小额信贷业务开展以来得到广大农户和微小企业的认可，越来越多农户了解小额贷款公司业务特点后，愿意到小额贷款公司申请业务。据不完全统计，现在全国小额贷款公司覆盖的农村客户已超过 10 万人。

**　　二、小额贷款公司的出现为地方政府提供了发展当地金融的一个思路**

　　小额贷款公司作为地方性金融服务机构，其立足当地、服务当地的定位，对促进本地金融市场发展，进而推动经济社会发展具有创造性的意义。针对我国各地经济发展情况差异较大的特点，发展地方性金融服务机构更有利于各地经济发展。小额贷款公司在这方面进行了良好的尝试。

7.4　农村信用社与小额贷款公司开办小额信贷业务的比较

　　2000 年开始，我国农村合作金融机构，在中国人民银行的推动和支持下，开始发放"小额信用贷款"和"农户联保贷款"，自此我国正规金融机构开始大规模介入小额信贷领域，先前政府主导的扶贫式小额信贷逐渐从项目机构向金融领域转变。小额信贷的总量规模呈现出快速扩张态势。

　　2005 年 12 月开始，在中国人民银行和中国银监会等部门推动下，山西、四川、贵州、陕西和内蒙古五个试点省（自治区）的当地政府（或当地人民银行分支机构）牵头设立了"日升隆"、"晋源泰"、"全力"等 7 家小额贷款公司，揭开了我国尝试发展商业化、市场化小额信贷市场的序幕。新建的商业性小额信贷组织被明确界定为"只贷不存的

中国农村小额信贷发展路径研究

小额贷款公司",是严格按照《公司法》有关规定设立和运作的公司法人。从此,我国小额信贷的功能不再局限于扶贫,逐步向为"三农"和微小企业提供可持续金融服务的领域扩展。

农村信用社开展的小额信贷业务是在政府引导和鼓励下,逐步展开的,由于是正规金融机构的信贷业务,纳入了银监会的监管范畴,其操作程序、发放范围、执行的利率等都有严格标准。这一操作的优点在于,适当的监管及规范可以避免信贷业务发生偏离,产生违反金融规定的风险,但缺点在于限制了机构创新的能力,而且可能引起客户群比较窄。小额贷款公司开展的小额信贷业务是在政府要求放宽准入的前提下产生的,小额贷款公司自身没有作为正规金融机构注册,而且作为公司在工商部门登记,有地方相关部门对其发挥监督管理职能。所以小额贷款公司的业务开展具有一定的自由度,可以根据自身经营的需求设计业务种类和范围,但一大缺点就是存在引发非法集资、资金不足等问题的风险。

农村信用社和小额贷款公司两类不同的小额信贷业务,目前来看,在农村地区都有合理的生存空间,而且一定程度上互为补充,对共同完善农村金融市场、发挥积极支持"三农"事业的作用都有重要作用。

表 7-5　　　　　　　　小额贷款公司与农村合作金融机构比较

		小额贷款公司[1]	农村合作金融机构		
			农村商业银行[2]	农村合作银行[2]	县（市、区）农村信用联社[3]
公司性质		有限责任公司或股份有限公司（以下简称责任公司和股份公司）	股份制地方性金融机构	股份合作制社区性地方金融机构	合作制社区性地方金融机构
设立条件	注册资本	责任公司≥500 万元；股份公司≥1 000 万元	≥5 000 万元	≥2 000 万元	≥1 000 万元
	股东人数	责任公司≤50 人；2 人≤股份公司≤200 人	发起人≥500 人	发起人≥1 000 人	

续表

		小额贷款公司[1]	农村合作金融机构		
			农村商业银行[2]	农村合作银行[2]	县（市、区）农村信用联社[3]
设立条件	股东资格	自然人、企业法人与其他社会组织	以原农村信用社的社员为基础，广泛吸收辖内农民、农村工商户、企业法人和其他经济组织参加		
	股权结构	单一自然人、企业法人、其他社会组织及其关联方持股≤注册资本总额的10%	单个自然人持股≤5‰；单个法人及其关联企业持股≤10%，本行职工持股≤25%	资格股一人一票。自然人股东每增加2 000元投资股增加一个投票权，法人股东每增加20 000元投资股增加一个投票权。单个自然人持股≤5‰。本行职工持股≤25%，职工之外自然人股东持股≥30%。单个法人及关联企业持股≤10%	
	资金来源	资本金、捐赠资金和不超过资本净额50%的银行融入资金	资本金、吸收存款、再贷款和同业拆借（具有拆借资格的农村商业银行、农村合作银行和联社）		
资产结构	资本充足率	无	资本充足率≥8%	核心资本充足率≥4%	核心资本充足率≥2%
	存款准备金[4]		16%	15%	13.5%

中国农村小额信贷发展路径研究

		小额贷款公司[1]	农村合作金融机构		
			农村商业银行[2]	农村合作银行[2]	县（市、区）农村信用联社[3]
经营限制	业务范围	小额贷款业务	可经营《商业银行法》规定部分或全部业务		
	贷款发放要求	同一借款人贷款余额 ≤ 资本净额的5%。应参考小额贷款公司所在地经济状况和人均 GDP 水平，制定最高贷款额度限制	将一定比例贷款用于支持农民、农业和农村经济发展，具体比例由股东大会确定，报当地省级银监机构备案	将一定比例贷款用于支持农民、农业和农村经济发展，具体比例由当地银行监管机构确定	信贷资金大部分要用于支持本地区农业和农民
	贷款利率[5]	[0.9, 4]	[0.9, 2.3]		
扶持政策[3]		各地不一	拨补 1994—1997 年实付保值贴补息数额；企业所有税 3 年优惠（后延长 3 年），营业税税率降为 3%；专项再贷款或专项中央银行票据置换不良资产		

第 8 章　小额信贷可持续
发展的路径选择

　　小额信贷，尤其是商业性小额信贷在我国产生发展 20 多年的历史显示出了强劲的生命力，并且对解决农村地区农户贷款难问题，改善农民生产生活水平发挥了积极作用。由于小额信贷产生之初即为解决贫困人口的基本金融需求，扶贫是其产生的最初之源。作为专门针对贫困和低收入人口以及微小企业提供金融服务的信贷方式，小额信贷在经历了最初的以扩展服务对象为主要任务的发展阶段后，结合在实际运作中出现的高风险、还款率低、机构运作成本高等问题，逐步进入自身发展完善阶段，正是在这个过程中，从政府部门到小额信贷机构逐渐都认识到实现商业可持续发展才能更好地为目标客户提供服务。

8.1　商业可持续是小额信贷发展的基本方向

　　从我国小额信贷的实际运作情况来看，小额信贷行业是从扶贫性小额信贷开始发展起来的，但经过 20 多年的增长发展，扶贫性小额信贷在我国有所发展，但无论是从规模还是覆盖面来看，扶贫性小额信贷都没有成为小额信贷领域的主流，扶贫性小额信贷仍然以非政府组织和民间组织从事的居多，其发挥作用的范围比较有限。与此相对应的是我国商业性小额信贷的快速发展。从 1999 年开始试点的农村信用社小额信用贷款，是商业性小额贷款迅速扩展的开始。虽然农村信用社小额贷款在产生之初也是为了解决农村地区贫困人口金融服务问题，也具有一定的扶贫性质，但由于是由一个商业性正规金融机构从事此项业务，在其产生之初就同时具备了必须实现自身商业运作的基本要求，实践中，农村信

中国农村小额信贷发展路径研究

用社的小额信贷业务也是按照商业化标准运作的，经过不断改进技术和管理方法，农村信用社从事的小额信贷这块业务已基本能实现财务可持续，具有了较强的生命力。2006年以来，随着农村地区金融市场准入政策的逐步放开，新型农村金融机构和商业性的小额贷款公司也开始进入小额信贷市场，在运作中，通过发挥它们来自民间、贴近农户的特点，将小额信贷技术进一步改进，因此它们在小额信贷市场上的作用也不断增强。

扶贫性小额信贷和商业性小额信贷发展的不同情况，是它们服务目的、运作机制、管理方法不同的表现，代表了小额信贷发展的两个不同分支。但随着国际小额信贷向纵深发展，商业可持续成为了扶贫性小额信贷和商业性小额信贷共同发展目标，在此目标的统一下，两者可以通过信贷技术的差异实现服务不同层次客户的目的。

8.1.1 影响小额信贷可持续发展的因素分析

通过分析影响小额信贷可持续发展的各种因素，可以发现阻碍小额信贷发展的主要困难和障碍。

一、金融需求快速变化与金融供给相对滞后的矛盾一直存在

随着城乡统筹的不断推进，我国农村地区经济社会快速发展，城镇化进程加快，农村地区金融需求不断发生变化，呈现出多样化和多层次性，并且需求规模也急剧扩大，不但是满足基本生活的信贷需求快速扩展，用于扩大再生产、改善生产力水平的金融需求也飞速发展，农村地区的金融需求随着经济发展的快速提升呈现出新的特点。但与此同时，农村地区的金融供给却相对滞后。正规金融机构在提供针对农户的信贷产品时，受抵押担保条件、审批程序等多方面要求的制约，影响了总的金融供给水平的提高。同时，由于信贷产品研发速度、管理模式等的限制，其提供的大部分信贷产品缺乏针对性，在时间和额度等方面往往不能满足需求，这些都与多样化、多层次的金融需求形成结构性矛盾。这从当前农村信用社小额信贷的实际额度和期望额度的差额即可反映①。

二、信息不对称问题长期存在

我国农村市场是典型的不完全竞争市场，而且除经济因素外，人文、传统、社会、政治等各种因素也在经济生活中产生影响。信息不对称是不完全市场的典型特点。当前，小额信贷市场仍然处于初级发展阶段，一方面，客户自身具有较强的不确定性，高风险、低收益、分布分散、信息管理难度较大；另一方面，由于客户自身缺乏必要的财务和信用知识，生产和有效传递信息的能力也严重不足，部分客户在没有充分考虑风险和可行性的前提下，信贷需求具有一定的盲目性。金融机构在开展小额信贷的过程中无法全面了解客户信息，因此面临着承担社会责任和自身经营安全性、效益性和流动性的矛盾。

三、小额信贷机构普遍规模较小难以实现信贷供给的高效率

相对于一般的大型商业银行，专门从事小额信贷或者主营小额信贷业务的金融机构总体规模偏小，资金来源渠道受到一定限制。在现实操作中，小额信贷机构由于位于农村地区，经营范围较小，覆盖面也不大，除了自有资本金外，能够动员的存款有限，往往造成能够开展的业务有限。而小额信贷业务要想实现盈利，一个基本要求就是要达到一定的规模来摊低固定成本。现实中小额信贷机构规模小，业务覆盖面窄不仅造成供求失衡的状态，而且也对小额信贷机构自身财务可持续产生威胁。

四、配套扶持政策的缺位造成小额信贷机构内生激励不足

目前，各项针对小额信贷的扶持政策较为分散，往往以单个机构为政策对象，对小额信贷产品本身的政策扶持力度有限，这使得除特定机构外，其他从事小额信贷业务的机构无法享受优惠政策支持。目前的政策设计没有从小额信贷行业整体出发，缺乏远瞻性和政策的连续性。此外，目前农村地区的社会保障体系发展远远落后，农村地区收入差距大、教育医疗资源不公平等情况没有得到有效解决，影响了农村地区金融客户综合实力的提高，抑制了他们的金融需求。

---

① 根据中国人民银行和国家统计局 2007 年"农户借贷情况问卷调查"数据显示，这一差额为 11 230 元。

8.1.2 内生性是实现小额信贷可持续发展的重要前提

小额信贷可持续发展的内涵是小额信贷机构提供的金融服务所获得的收入可以覆盖其运营成本和资金成本，以实现其独立生存并逐步发展壮大。小额信贷的可持续发展包括财务的可持续、管理的可持续和技术的可持续。小额信贷机构的可持续发展不能依靠政府补贴、慈善性捐助等资金来维持，需要其通过商业化运营和利率覆盖风险来实现。

一、机构运营的商业化

小额信贷商业化发展趋势与全球范围内小额信贷由福利主义向制度主义转变相联系。从国际小额信贷发展的经验来看，无论是福利主义还是制度主义都不主张一味地依靠政府补贴来扶贫，扶贫机构也不能成为一个"送钱"的机构，这样的机构无法实现可持续发展，反而使贫困人群失去了一个稳定的融资渠道。商业化经营是实现小额信贷机构可持续发展的必然选择，只有成功的商业化运营才能在实现机构可持续发展的同时，为目标客户提供稳定、持久的资金供应。

二、利率市场化

小额信贷成本较高，除了农村地区内生的自然和经济风险较高之外，一个更为重要的方面是，其主要的产品是小额的、零散的贷款业务，这种业务需要的面对面的交流和人与人之间的直接联系使得交易成本变得很高。而与此同时，全球范围内的调查显示，对贫困人口而言，能够持续地获得信贷服务比为获得信贷服务而支付较高的成本更为重要。强制规定利率上限使得正规或者半正规的金融机构难以或无法覆盖成本，严重影响其提供服务的能力，甚至会使得这类机构最终被挤出市场，而只能由民间的非正规机构提供替代性服务，往往这类服务的成本更高。小额信贷商业化要求小额信贷机构的运作必须以市场机制为基础，自负盈亏，以实现财务自立和可持续发展，这就要求商业性小额信贷的利率要遵循市场化原则，由机构根据市场情况自主决定利率高低。

商业化运营和利率市场化都是从机构自身和外部政策环境角度提出了实现小额信贷可持续发展的要求。但从制度设计角度出发，实现小额信贷机构可持续发展的一个重要制度前提是，小额信贷机构本身是自主自发，真正产生于需求客户内部的，而不是任何机构在外部强加给该客户群体的。实践证明，只有内生于客户内部的小额信贷机构才真正了解客户的实际需求，并且在克服信息不对称方面具有天然优势，更容易实现自身的可持续发展。一切外部的小额信贷机构在提供服务的时候，往往会遇到当地客户的博弈，以牺牲机构自身利益来实现客户自身的效应最大化，这样的结果会导致小额信贷机构成本激增，风险控制手段失效，最终导致不可持续，退出市场。因此，从制度经济学角度出发，强调小额信贷机构的内生性是实现小额信贷机构可持续发展的重要前提。

8.2　在农村地区培育和发展多层次、可持续的小额信贷市场

8.2.1　培育和发展多层次小额信贷市场的重要意义

一、培育和发展多种形式的小额信贷组织，培育竞争性小额信贷市场，是进一步完善农村金融服务，探索多渠道满足农民和农村微小企业贷款需求的客观需要

随着金融体制改革的深入，国有控股商业银行的信贷资金逐渐撤离风险相对较高的农村金融市场，向大城市、大项目、大企业集中。农业银行曾经发放的扶贫贴息贷款，总体不良贷款率达到 70% 以上，已经证明为不可持续。邮政储蓄银行在短时间内仍然只能发挥储蓄服务的功能，在贷款服务尤其是面向中低收入人群的小额贷款方面缺乏经验和必要的风险管理手段。而国有控股银行不断收缩农村分支机构，也客观上使农村信用社在农村金融市场处于实际垄断地位，贷款利率"一浮到顶"、缺乏弹性，金融产品较为单一、不能为客户提供有针对性的服务，同时，农村信用社历史包袱较重、自身实力有限，农村金融市场信贷供给明显不足。培育和发展多种形式的小额信贷组织，在农村小额信贷市场上引入竞争机制，可以以增量竞争推动存量改革，发挥"鲇鱼效应"作用，盘活整个农村金融市场，开辟满足农民和农村微小企业资金需求的新渠

道，有效增加对"三农"的资金投入。通过市场化改革，一个开放并存适度竞争的农村金融体系将在多种形式的小额信贷组织的参与下最终得以建立，通过这个市场，巨额的金融资源将可以在有效控制风险的前提下，源源不断地流入农村地区，缓解农村金融市场的资金需求的饥渴状态，实现农村金融、农村经济的可持续、协调发展，促进社会主义新农村建设。

二、培育和发展多层次的小额信贷市场，合理、有效地利用民间富余资金，规范、引导民间融资健康发展

目前我国拥有相当充足的国民储蓄和金融资源，巨额资金沉淀在银行系统，宏观意义上的投资效率是比较低的。同时广大农村地区又普遍存在资金和投资不足的问题，无论是农村地区的基础设施建设还是生产活动都迫切需要大量资金的注入。这样，通过何种渠道能够更好地引导资金流入农村地区，加大农村地区的投资力度，是摆在政策当局面前的主要问题。一般来说，资金流向农村的途径有两个，一是财政投入，财政资金可用于基础设施建设、建立担保基金和政策性农业保险等；二是设法使资金通过金融渠道流向农村，这是目前农村金融改革的主要目标。改革开放以来，人民生活水平不断提高，居民收入稳步增长，民间富余资金不断增长，民间融资在农村广大地区尤为活跃。面向民间资本和外国资本开放农村金融市场，培育和发展多种形式的小额信贷组织，一方面可以有效解决农村资金投资效率低和投资不足的矛盾，另一方面也可以引导民间资金按照商业性借贷的方式规范运作，规范和引导农村的民间融资，在保护农户利益的同时，防范和化解金融风险，积极支持社会主义新农村建设。

8.2.2 指导原则和基本思路

积极稳妥地推动我国建立多层次、可持续小额信贷市场，需要坚持以下原则：

一是坚持为农民、农业和农村服务与可持续发展相结合的原则。小额信贷应在坚持为中低收入居民服务，不断扩大业务覆盖范围和深度的同时，努力创新信贷管理技术，积极改善自身的财务状况并逐步实现更高层次的可持续发展。

　　二是坚持市场开放和多种形式小额信贷共同发展的原则。允许和鼓励商业银行和其他银行类金融机构在引进或开发小额信贷管理技术的基础上积极开展小额信贷业务；允许和鼓励现存多种法人、所有制性质的小额信贷机构共同存在和适度竞争；允许和鼓励符合条件的社会资本和外资积极参与在农村地区组建各种新的小额信贷机构。

　　三是坚持市场开放和防范风险相结合的原则，即市场开放的范围和速度应与监管能力的提高相互适应。应明确各类小额信贷的监管主体及其权责关系，应明确各类小额信贷适用审慎性监管原则和非审慎监管原则的不同属性，应区分小额信贷与正规商业银行业务不同的风险特征及其监管含义。在汲取国际经验和历史教训的基础上，有关部门应跟踪研究我国小额信贷发展中遇到的特殊问题和风险，不断改善监管水平，促进小额信贷健康发展。

　　四是坚持政策支持和市场竞争相结合的原则，政府应该在小额信贷基础设施建设方面发挥作用。应建设统一高效的小额信贷登记系统，并实现信息在不同机构之间的共享，以此促进不同机构之间的良性竞争；应按照小额信贷市场特征，修改并不断完善相关法律法规，创造各类小额信贷共同发展所需的制度条件。针对小额信贷主要服务农户、服务农村的特点，设计合理的政策支持措施对自然风险和系统性经济风险予以补贴。

　　建立多层次、可持续小额信贷市场的基本思路是：在不断完善现有的提供小额信贷的金融机构运作方式和管理模式的同时，引入民间资本，主要是潜在客户地区的社会资本参与小额信贷机构，部分使外部信息内部化，增强金融机构的内生性，以此来降低信息成本，逐步实现财务可持续。鼓励现有的民间小额信贷机构规范经营，探索各类小额信贷技术和产品，在实现自身可持续发展的同时更有针对性地为农户提供切实需要的小额信贷服务。鼓励多种形式来自民间的小额信贷组织探索，如资金互助组织、信用合作组织等在农户内部根据生产需求产生的金融组织，发挥其在信息获得方面的优势，引导其按照规范经营的要求在农村地区开展业务。政府部门和相关机构应在创造良好外部环境方面发挥积极作用。

8.2.3　实现本地化是正规金融机构小额信贷未来发展的重点

经过 20 多年的发展完善，正规金融机构开展的小额信贷对解决农户缺乏抵押担保品，提高农民贷款可获得性方面取得了非常好的经济效果和社会反响。实践证明，小额贷款业务是农村金融机构满足农村金融服务需求、促进农村经济发展的行之有效的方式和手段。因此，除了农村信用社之外，近年来在农村地区新设立的新型农村金融机构以及农业银行、邮政储蓄银行等都探索尝试了各种不同形式的小额贷款方式，也取得了较好的效果。

人民银行、银监会等监管部门也一直着力完善小额贷款制度，引导银行业金融机构加大小额信贷投放力度。2007 年，中国银监会下发了《关于银行业金融机构大力发展农村小额贷款业务的指导意见》，调整了小额信贷的额度、期限、利率等各要素，使得各正规金融机构提供的小额信贷能够更符合当地农户的需求。根据各地经济发展水平不同确定不同的贷款额度，根据当地经济发展特点灵活确定小额贷款的期限和还款方式，综合考虑借款人信用等级、贷款金额、贷款期限、资金及管理成本、风险水平、资本回报要求以及当地市场利率水平等因素，在浮动区间内进行转授权或自主确定贷款利率等具体措施的改进，提高了小额信贷的灵活性和对农户的吸引力，对于促进其降低成本，实现可持续发展具有重要推动作用。

虽然正规金融机构的小额信贷通过在实践中探索改进，并通过制度不断完善运作模式和管理机制，但在实际操作中还存在众多问题，距离真正的可持续发展还有较长的路要走。以正规金融机构小额信贷的主体农村信用社为例，近年来，随着农村信用社自身改革发展，其服务能力和自身经营实力都得到大幅提高，但作为农村金融服务的主力军，真正针对农户的小额信贷占农村信用社的业务比例仍然较低，而且近年来扩展速度较慢。这其中重要的原因是农村信用社经过多次改制，已经脱离了原来的"合作制"，其众多的自然人股东没有发挥参与经营管理方面的积极作用，只是参与分红，而真正在一线从事业务的信贷人员，往往对当地的农户信息掌握不全面，而且也缺乏有效的手段来了解信息，信息不对称的问题一直存在，这在很大程度上增加了农村信用社成本开支，影响了其财务可持续能力。而农村信用社为解决这一问题的主要做法是将业务逐步上收，逐渐到县及县以上地区开展业务，通过寻找大客户来降低信息成本，节约开支。这样造成的结果就是农村信用社近年来也出现"离农脱农"倾向，热衷于做大项目，其服务农户的作用受到影响。

针对农村信用社这类一县一家法人机构的小额信贷服务机构，在实现其自身发展的同时又能保持服务农户水平不降低，一个重要的思路是引入当地优质民间资本参股，提供股权集中度，真正发挥股东对经营的决策管理权，通过当地股东来增加信息的收集面，克服目前由于股权太分散，自然人股东不关心经营状况的弊端。同时吸收熟悉当地情况的人员参与运营管理，通过本地化的方式降低其信息不对称的成本，同时以更贴近农户的特点开发改进新的信贷品种，从两个方面降低财务成本，逐步实现可持续发展。

8.2.4　引导小额贷款公司有序规范发展，为广大农户提供小额信贷服务

2005 年，《中共中央　国务院关于进一步加强农村工作提高农业综合生产能力若干政策的意见》（中央一号文件）提出，探索建立更加贴切近农民和农村需要的小额贷款组织。在人民银行指导下，当年山西、内蒙古等 5 省（自治区）7 家小额贷款公司开始进行试点。在总结经验基础上，2008 年小额贷款公司的试点工作在全国推开。截至 2010 年末，全国已设立小额贷款公司 2 451 家[①]，贷款余额 1 975.05 亿元。

小额贷款公司的设立和发展是农村金融市场准入方面的重大突破，

---

① 数据来源：中国人民银行。此部分下面的数据来源与此相同。

中国农村小额信贷发展路径研究

为民营资本涉足金融领域打开了新路，为将社会上富余资金集中起来用于资金最短缺的农村地区提供了新的渠道。从各省小额贷款公司注册资本总额看，自然人和民营企业出资比重都在80%以上。

小额贷款公司提供的贷款具有"短、小、灵活、可持续"的特点。一是以短期贷款为主。截至2010年末，全国小额贷款公司短期贷款余额1 952.57亿元，占各项贷款总额的98.8%。二是平均贷款额度较小。如江苏、山西、浙江和河北50万元以下贷款笔数占比分别为78.6%、78.1%、57.8%和52.1%。三是担保方式灵活，手续简便。小额贷款公司信用贷款和保证贷款占比较大，浙江、江苏、河北和山西分别为90%、80%、70%、70%。同时，贷款手续方便快捷，大多能在1~2天内完成放款。四是执行市场化利率，业务可持续性较强。贷款利率介于金融机构和民间借贷之间，能够覆盖信贷风险和经营成本，初步实现财务可持续。

小额贷款公司在支持农业和小企业发展方面发挥了积极作用。截至2009年末，全部小额贷款公司农业贷款和私营企业、个体贷款占比近60%，有效补充了农村地区资金缺口。此外，小额贷款公司试点过程中，一些地区积极促进"银小"合作（即商业银行和小额贷款公司合作），通过小额贷款公司将"大资金"和"小客户"衔接起来，商业银行利用小额贷款公司熟悉当地情况、贴近农户的特点，批发资金给小额贷款公司，委托其发放直接到户的小额信贷，为解决小企业和"三农"融资难问题提供了有益经验。

小额贷款公司成立发展3年多以来，在服务县域、服务农村的同时，也通过多种渠道积极探索可持续发展的路径。但目前仍面临众多障碍，主要是：第一，资金来源渠道少。在"只贷不存"框架下，小额贷款公司主要以股东投入的自有资本放贷，许多小额贷款公司成立不久，就将公司资本全部贷出。虽然相关政策允许小额贷款公司从不超过两个银行业金融机构融入资金，但实践中小额贷款公司设立时间较短，自身缺乏资质信誉，而占公司资产主要部分的小额贷款不能用于担保，很难满足银行的融资条件，因此从银行获得融资很少，而且融资成本较高。仅靠自有资本发放贷款，业务规模受到限制，不能实现基本的规模经营，难以达到盈亏平衡点。而小额贷款公司目前解决这一问题的唯一出路就是提高利率以覆盖风险，这样一来，其客户承受的负担较重，与国家最初设立小额贷款公司的初衷有所违背。第二，税收负担沉重。小额贷款公司主要在风险高的农村地区从事经营成本较高的涉农信贷业务，但目前全国层面上没有针对小额贷款公司的优惠财税政策，税收支出成为小额贷款公司沉重负担。第三，内部管理不规范，影响可持续发展能力。部分地区小额贷款公司从事除贷款之外的其他业务，如贴现、担保、咨询和结算等。另外，小额贷款公司在试点过程中也发现，存在财务核算不规范、科技手段落后、信贷管理松散、风险管理不到位、拨备制度没有建立等问题；除部分高管和业务骨干外，小额贷款公司员工多数没有银行从业经验，缺乏从事金融业的必要技能；个别小额贷款公司为其他公司提供注册验资贷款、搭桥贷款或涉足委托贷款业务等。第四，监管力量薄弱，持续监管缺失。各地试点监管制度呈现监管主体多元化和向下分权特征。各地均将各类监管权力在省级与市级、县级人民政府间重新分配。有的省将市场准入决定权保留在省级人民政府，将持续监管的第一责任人明确为市级、县级人民政府；有的省将市场准入和监管责任全部下放县级人民政府。这在试点初期具有合理性，但随着试点推进，小额贷款公司数量逐渐增加，这种临时性监管机制缺乏长期履行系统性监管责任的能力。许多地区省级人民政府将监管权责层层分解下放给市、县级人民政府，而后者的监管人员和技术力量更加不足，无法实施有效的持续监管，没有对公司日常经营活动是否违反政策法规进行现场检查和非现场监测。监管力量薄弱无法防范小额贷款公司系统性风险的出现，对其可持续发展能力有重大影响。

　　在目前小额信贷发展政策格局下，引导小额贷款公司合理规范经营成为要解决的第一要务。因小额贷款公司产生在民间，本身就位于最基层，对当地的客户群体较为了解，与正规金融机构相比，它在客户信息获得和风险评价方面具有优势。而且小额贷款公司其他小额信贷机构发展到一定程度之后才出现，它运用的小额信贷技术是结合了各方之长的最新技术和理念，在操作层面来说也具有优势。从业务方面考虑，小额贷款公司的小额信贷业务具有较强的生命力和可持续发展能力，目前，主要是解决好小额贷款公司自身机构方面存在的不足和问题，在不断完善公司治理结构的前提下，有序推进小额信贷业务的开展，逐步从自身财务可持续走向整个行业的可持续发展。

8.2.5 积极推动民间自发互助性小额信贷组织的发展

我国农村地区经济社会发展的特点是集体经济占主体地位，集体经济以合作制生产的形式在我国农村广泛存在，虽然近年来，农村经济形式出现了多样化的趋势，但集体经济为基础的格局仍未改变，而且还将继续存在。理论上来说，在集体经济这种组织生产特点下，与其相适应的金融组织方式应该是互助合作式的自发金融组织形式在大范围发挥作用，并在此基础上不断升级优化，逐步走向正规金融机构。但现实的情况是，随着农村信用合作社的合作制性质逐渐改变，我国农村地区真正自发的、互助合作性质的组织严重缺位，农户自身的金融意思表达无法释放，只能通过适应正规金融机构提供的服务来调整自身需求，这在一定程度上抑制了农户金融需求，也影响了经济的发展。

近年来，在农村经济持续发展，农户金融意识不断开放的环境下，由于地方政府积极推动和农户热情参与，形式不同、名称各异的农村信用合作组织在全国各地广泛出现，在缓解农民贷款难、促进农业生产和信用合作发展、提升会员外部融资能力和创新扶贫资金支农模式等方面发挥了积极作用。这种自发性的合作金融组织形式，克服了位于外部的金融机构在服务农户时面临的信息不对称问题，而且组织内的合作形式有效降低了运作成本，其活力和生命力非常旺盛。农村信用合作组织提供的小额信贷被广大农户认为是最适合农村经济特点和农民需求的信贷产品，虽然有很多不完善之处，但仍受到了广泛好评。

农村信用合作组织在探索农户自发金融机构提供小额信贷服务方面发挥了积极作用。第一，创新了农村金融服务主体。农村信用合作组织与正规金融存在多重关系。一是衔接关系，参与信用合作组织有助于提升社员从正规金融机构获得融资的能力。二是补充关系，信用合作组织以熟人社会为基础为农户提供低成本金融服务，是正规金融的有益补充。三是附属关系，农户通过参与信用合作组织既促进生产互助又获得社会认同。第二，利用和组织了民间资金。各类农村信用合作组织的资金来源以农户出资为主。农户和小企业出资占比分别为 76.14% 和 3.64%。只有在贫困村资金互助社中，财政扶贫资金占比较高，达 59.34%①。第三，增加了农业生产投入力量。农村信用合作组织的资金运用以支持农业为主。在贷款用途上，59.33% 用于农业生产，23.14% 用于商贸和手工业，而用于教育、医疗和建房的贷款比例较低。

目前，在农村信用合作组织快速发展的同时，也面临几方面问题。一是农村信用合作组织性质不明，监管缺失。除银监会批设的农村资金互助社外，其他农村信用合作组织法律属性不明，大部分农村信用合作组织无明确的管理部门。外部监管缺失严重影响农村信用合作组织健康发展。二是农村信用合作组织内部管理不健全。一些农村信用合作组织内部管理不规范，缺乏基本组织管理机制，也有个别农村信用合作组织存在由龙头企业或少数强势社员操纵的现象。由财政扶贫资金引导的贫困村资金互助社发展存在组建成本较高、管理人员能力较弱、财务可持续性有待提高等问题。三是个别农村信用合作组织存在存款化股金。个别农村信用合作组织存在吸收存款或通过固定回报方式变相吸存的现象，存在一定风险隐患。

为防止重蹈农村合作基金会覆辙，更好地发挥民间合作金融在促进农村经济发展中的积极作用，应该在防范风险前提下，重视和引导农村信用合作组织健康发展。一是重视农村信用合作组织的生存和发展。鉴于目前农村信用合作组织发展已有广泛的群众性和一定的影响力，继续任其自行发展不利于维护农村地区金融安全和社会稳定，应加以重视和引导。从构建多层次、广覆盖、可持续农村金融体系出发，鼓励和引导民间资本进入农村金融领域，培育更多的农村金融服务主体，尽早明确

---

① 数据来源：人民银行调查数据。

其法律属性、制度原则和业务范围。二是明确农村信用合作组织性质和原则。除银监会批设的农村资金互助社外，其他农村信用合作组织应适用"四大原则"和"四条红线"，前者即自愿设立、民主管理、服务社员、自担风险；后者即不吸收公众存款，只吸收成员股金；不对外放贷，主要为成员提供信用互助服务；不对成员支付固定回报，盈利主要用于积累；不跨区经营，社员人数有一定限制。同时允许符合条件的农村信用合作组织转制为银监会批设的农村资金互助社。三是明确由地方政府负责监管和中央层面加强指导。农村信用合作组织主要在当地产生、经营、发展，应将农村信用合作组织纳入省级人民政府管理范围。参照小额贷款公司监管模式，由省级人民政府在承担监管和风险处置责任前提下，指定负责部门，制定管理办法，明确注册登记程序。中央层面加强政策指导和督促地方政府落实监管职责。四是加强对农村信用合作组织的政策扶持。促进农村信用合作组织改善治理结构，加强社员监督，建立内部风险防范机制。鼓励正规金融机构按照商业化原则加大对农村信用合作组织支持力度，促其扩大信贷投放。

8.3 不断完善促进小额信贷发展的制度保障和外部环境

培育和发展多层次的小额信贷市场，是整个农村金融改革和农村金融体系建设工作中的一部分，按照世界银行报告《农村金融：主题、设计和最佳实践》（Jacob Yaron，McDonald P. BenJamin，Jr.，Gerda L. Piprek，1997）的建议，以市场为导向的适当的农村金融体系，除了多层次的有活力的农村金融机构、适当竞争的高效的农村金融市场以外，适当的农村金融监管框架以及政府旨在强化市场力量的直接干预也都居于重要位置。

8.3.1 明确政府在小额信贷发展中的作用

结合我国经济转型的实际情况，正确认识政府在小额信贷行业发展中的作用，应该和我国农村公共财政体制改革、建立完善的农村金融基础服务体系以及建立高效的农村金融监管系统相结合①。

　　第一，要协调推进农村公共财政体制改革和农村金融改革。谢平和徐忠（2006）指出，在我国实行经济发展的"赶超战略"从而优先发展工业和城市经济的背景下，政府将有限的资源集中在城市和重点项目，而公共财政资源对农村地区的投入十分有限。这样，为了扶持农业部门的发展，农村金融机构实际上承担了部分财政职能，即承担了支持"三农"发展的重任。如我们前文指出，履行部分财政职能的农村金融机构，政策性业务和商业性业务混同处理加剧了机构治理方面存在信息不对称问题，而治理失败必然导致严重的财务困难，农村金融机构的可持续性堪忧。所以，我国农村金融改革必须和推进农村公共财政体制改革结合起来。只有农村公共财政需发挥其应有作用，农村金融机构才有可能建立起完善有效的内部治理，农村金融市场才能正常运行，而也只有在这样的基础上，小额信贷组织才有可能逐渐发展壮大，发挥应有的作用。

　　第二，政府应制定相关政策，建立引导金融资金回流农村的机制。首先，政府可以通过财政补贴、担保或税收减免等措施吸引金融机构增加对农业和农村的信贷投入。可以考虑以县为单位进行考核，凡是对"三农"贷款达到一定比例的金融机构，就可以享受税收优惠、较低的法定存款准备金率、业务准入优先等正向激励。其次，开放农村金融市场在农村地区面向多种资本，调整放宽参股和新设金融机构的准入门槛，通过创设"制度租金"的方式吸引资本流入农村。除此之外，政府还可以考虑以有限的财政资金建立适当的农村业务补贴机制，来撬动大量金融资金回流农村。参考政策性金融业务商业化经营的方式，在财政核定补贴的前提下，通过市场化招标方式，允许各类机构参与，以提高财政资金的使用效率。基于小额信贷供给在扶贫方面的"公共品"性质，政府应当从资金和技术上予以支持，必须对所有小额信贷组织，不管是政府主导还是民间推动的机构，实行一视同仁的市场化原则，如可以利用

---

① 焦瑾璞：《农村金融体制和政府扶持政策国际比较》，中国财政经济出版社，2007。

中国农村小额信贷发展路径研究

扶贫资金建立一个批发基金机构，根据小额信贷已有业务的开展情况以统一的再贷款利率向所有小额信贷提供批发资金，使其进一步扩大规模。

第三，政府应在建立比较完善的农村金融基础服务体系方面发挥作用。首先，政府应加快农村信用体系建设，大力推广信用户、信用村、信用乡（镇）制度，将农村信贷纳入全国信贷登记系统。建立完善失信惩戒制度，对违约失信行为给予必要的制裁，培育良好的信用意识和信用文化。其次，应加快建设农村金融支付清算系统，为各类农村金融机构的资金汇划、汇兑和清算提供服务。最后，地方政府应在优化地区金融生态环境的过程中发挥主导作用，改善金融生态环境。

第四，要改革我国金融监管体制，促进农村金融市场创新。我国目前实行的全国统一的监管体制，虽然有利于实施严格的金融管制，有利于贯彻实施中央的宏观经济和金融政策，但却难以照顾到各地多样化的金融供给和需求。特别是在目前我国金融改革尚未完成，金融创新方兴未艾的条件下，过于集权的金融监管不利于自下而上的金融创新。由于存在着信息不对称，集中监管的成本过高，监管当局偏好于监管大型金融机构或建立中间管理层次的方式（如设立农村信用社省联社）来分担监管责任，导致中小金融机构的发展空间受到压缩，不利于竞争性金融市场的全面建立。另外，从金融监管的主要目的看，监管应主要在防范系统性金融风险方面发挥作用，垄断性的监管体制却有可能将地区性金融风险或单个金融机构的风险集中到中央一级，反而容易形成系统风险。为培育和发展多种形式的小额信贷组织，建立多样化、有序分层的金融体系，有必要创新监管模式，实施中央和省两级的分级监管，同时赋予存款保险公司部分监管权。分级监管有利于监管竞争和形成一个相对宽松的监管环境，鼓励适合当地经济发展需要的金融创新，更可以分散金融风险，最终达到降低金融系统风险的目的。今后，可将省联社改革为地方金融监管机构，负责日常监管，金融机构市场准入仍由银监会负责（谢平和徐忠，2006）。同时，也应当允许建立一个或几个小额信贷行业协会，分别实现对不同类型小额信贷组织的监管和行业自律。

第五，地方政府应避免直接投资和操作农村金融机构和小额信贷组织。基于我国经济转型和金融改革的历史经验，受到地方经济增长目标激励的地方政府，在金融机构的治理中往往发挥着不利作用。比如，农村信用社的内部治理，存在着严重的"内部人控制"和"外部人干预"问题，并由此导致了巨大的金融风险和损失。问题的本质实际上就是地方政府力量对真实所有人（投资人）权益的严重侵犯，并导致了所谓"所有者无力控制""控制者无须负责"的畸形治理格局。此外，我国农村合作基金会发展和取缔的历史也说明了这一点，如郭晓鸣和赵昌文（2001）所指出，是各参与主体目标不一致导致基金会实际控制权掌握在各级政府手中，而农民名义上的收益权无法落实。地方政府的投资和干预必然导致基金会运行目标发生变化，这导致了高息揽储等高风险活动。所以，地方政府对农村金融的投资和干预，应该加以避免，监管政策上也应对此保持警惕。

8.3.2　完善小额信贷发展的政策法律保障

营造小额信贷发展的良好环境，需要尽快制定一部涵盖各种小额信贷类型的法规来规范金融机构、非金融机构小额信贷的创立和运行，并且出台相关的政策如税收优惠政策对小额信贷予以支持。事实上，中国已经不缺乏培育和发展多种形式小额信贷组织所需要的政策。从 2004 年以来连续几个中央一号文件都提出要增加农村金融供给，解决微小企业和农民贷款难等问题，探索建立更加贴近农民和农村需要，由自然人或企业发起的小额信贷组织，而 2007 年中央一号文件更是明确提出了"大力发展农村小额贷款，在贫困地区先行开展发育农村多种所有制金融组织的试点"[①]。

然而，与政策的开放性形成鲜明的反差，中国在相关法律的制定方面严重滞后，小额信贷组织的建立仍然停留于试点阶段，没有一个单独

　　[①]　其他农村金融方面的内容还包括："进一步发挥中国农业银行、中国农业发展银行在农村金融中的骨干和支柱作用，继续深化农村信用社改革，尽快明确县域内各金融机构新增存款投放当地的比例，引导邮政储蓄银行等资金返还农村，大力发展农村小额贷款，在贫困地区先行开展发育农村多种所有制金融组织的试点。"

的法律予以支持。同时，还缺乏针对农村金融业务的法律法规。农村金融机构开展业务的主要法律依据有《贷款通则》《商业银行法》等，这些法律法规并未对我国农村金融实际情况做出具体规定，使得农村金融机构在业务拓展中出现一些问题。农村合作金融机构缺乏专门合作金融立法。目前，农村合作金融机构在《农村信用合作社管理规定》《农村商业银行管理暂行规定》等框架下开展业务，并无专门立法。此外，农村信用合作组织也快速发展，合作金融立法的缺位，不利于规范引导农村合作金融机构健康发展。农村金融法律建设不能适应农村金融业务发展需要。随着农村金融快速发展，农村地区抵押担保问题则显得尤为突出，但此领域一直没有相关的法律法规，对信贷创新、业务扩展等都形成了障碍。随着农村地区新型农村金融机构的试点，小额贷款公司等多种新型机构蓬勃发展。但目前小额贷款公司发展由各地方政府直接管理，尚存在一定的监管法律空白。农村金融机构激励政策缺乏连续性。我国农村金融体系始终缺乏系统性的扶持制度，各部门的支持政策往往都是以部门规章的形式发布，而且都具有一定的时间性，没有形成固定的制度。

8.3.3　构建小额信贷组织发展的金融基础设施

"金融基础设施"（financial infrastructure）指的是任何国家金融系统为保持其完整性所依赖的一系列辅助性服务①。通过信息系统和通讯系统，金融基础设施有助于金融机构高效率地交流；通过支付结算系统，能安全快速地传输货币和金融工具；通过征信机构、适当的登记和破产程序等，降低了为非金融部门提供贷款的风险；通过外部审计和机构信用评级，可以降低同业拆借风险。通过谨慎监管和在国家金融危机时刻中央银行扮演"最终贷款人"角色，帮助个别机构克服财政困难，从而降低整个金融体系的风险。最后，研究和发展各种金融业务和金融创新，是整个金融部门广泛感兴趣和关心的事情，因为这些可以保证源源不断

---

① 《UNITED NATIONS, 2006, BUILDING INCLUSIVE FINANCIAL SECTORS FOR DEVELOPMET》，中文译稿由焦瑾璞等译。

地为不同方面的金融服务提供经过很好培训的专业人才。

　　因此，对发展中国家来说，建立强有力且高效率的金融基础设施是金融系统发展的关键所在，并且事实上也就运用在那些为贫困和低收入者以及微小型企业提供金融服务的部门中。在我国，构建小额信贷组织发展的金融基础设施，具体可以从以下几个方面努力：

　　第一，要优先建立有助于控制风险和降低交易成本的金融基础设施。强化征信系统和信息技术是关键领域。信息和通讯技术的重要性不断上升，其发展和变革不断改变着金融系统的面貌。一个培育竞争和银行竞争力的良好环境能为企业提供银行愿意参与的独立的征信系统服务。征信系统根据银行提交的信息，汇集并提供统一的贷款者信用历史记录。然而，当一个大公司在贷款市场占有大部分份额时，他们会对独立征信系统兴趣寥寥，因为大部分信息由它提供，那些小的竞争对手就可以分享好处。另一种方法是个别银行企业联合起来成立行业协会，通过项目建立共同创建信用系统，分摊成本。但是，非成员可能就无法获得信息了。在一些国家，中央银行负责建立征信系统，如果有必要的话，会强制银行参与。

　　第二，支持建立担保基金（guarantee funds）。从调整不公平的市场风险评估这个角度看，政府可以通过建立担保基金来克服市场失灵。信贷担保措施可以有效促进贷款行为的持续改变。担保措施可以导致金融深化，尤其当具备开放且竞争有效的银行环境、动态扩张的业务部门，以及市场主体之间高度透明等成功的必要条件时。担保基金还能为微型金融机构及其他小额贷款供给者提供商业融资渠道，形成金融机构和微型金融供给者之间长久的伙伴关系。用担保基金支持微型金融机构，要比支持微型企业获得零售贷款更好。担保机制是金融深化的最好加速器，而不是发动机。但必须就其对贷款质量的作用进行定期评估。另外，也可以基于不断降低的担保比例来设计担保机制，直到不再需要担保为止。

　　第三，允许小额信贷组织使用主要金融机构的基础设施。这种做法有助于促使公共和私人信息系统的共享，包括共享支付和结算系统。非银行的金融服务供给者要想融入金融系统主流，就必须具备银行系统共享的专业标准。

第四，要关注发展会计准则和指南、公开透露的信息和透明度以及审计标准。这些是更好的内部管理和外部评估的重要基础。此外，由独立的评级机构征信局提供的评估是放款人和投资者评估风险时所依赖的重要工具。完整的金融服务供给者的信息系统还使监管变得切实可行。

第五，通过私人部门制定服务标准或者通过公共部门提供服务。考虑到金融行业基础设施的范围和复杂性，某些服务由公共部门提供较好，而对某些服务来说，由私人部门或私人与公共部门合作并按照政府的标准操作效率更高。有一些服务也许还需要补贴的支持，尤其是那些所谓的"公共物品"，例如培训和基础配件设施建设。其他的，例如征信系统或通讯技术的发展，则可在服务收费的基础上发展成为自我可持续的系统。

第六，虽然整个金融基础设施应该通过向消费者和企业收费来实现是自给自足的，公共部门的支持还是有作用的。据 CGAP 研究的一项经验："可能需要给予金融基础设施一定的补贴，特别是那些明显能够加快服务市场发展的金融基础设施或公共物品（例如全国或区域网络、研究项目等）……无论是哪种干预，援助机构的任何调控和捐款支持都应该强调地方的所有权，以保证援助机构撤出后该服务依然可以继续开展。"

第七，开展有针对性的教育和培训。国际成功经验表明，对小额信贷项目的贷款户进行有针对性的大规模培训，能提高他们对市场、新技术的掌握程度以及运用贷款的能力。就我国实际情况而言，可以结合各地实际，充分发挥中央和地方两个层面的积极性，结合具体项目，对农户、微小企业和基层从事小额信贷的信贷人员进行必要的生产技能、经营管理知识、专业技术和基础金融知识的普及和培训，提高各类金融需求主体的经济、金融、信用意识，减少小额信贷项目面临的市场风险。

参考文献

［1］雷蒙德・W. 戈德史密斯著，周朔、郝金城、肖远企、谢德麟译：《金融结构与金融发展》，上海三联书店，上海人民出版社。

［2］马克思：《资本论》，人民出版社，1967。

［3］斯蒂格利茨，沃尔什著，黄险峰，张帆译：《经济学》，中国人民大学出版社，2005。

［4］沃格尔，罗伯特・C.《储蓄动员：农村金融中被忽视的一面》，载何安耐、胡必亮和冯兴元编：《农村金融与发展——案例分析与培训手册阅读材料》，中国社会科学院农村发展研究所，2000。

［5］张杰：《中国金融成长的经济分析》，中国经济出版社，1995。

［6］张军洲：《中国区域金融分析》，中国经济出版社，1995。

［7］张杰：《中国农村金融制度：结构、变迁与政策》，中国人民大学出版社，2003。

［8］陈享光：《中国经济转轨中效率增进的逻辑与路径》，载《经济学动态》，2009（1）。

［9］朱建芳：《区域金融发展差距：理论与实证分析》，经济科学出版社，2008。

［10］熊德平：《农村金融与农村经济协调发展研究》，社会科学文献出版社，2009。

［11］张志文：《金融发展与经济增长关系的国际经验研究》，中国金融出版社，2008。

［12］李江：《金融发展学》，科学出版社，2005。

［13］焦瑾璞等：《农村金融体制和政府扶持政策国际比较》，中国财政经济出版社，2007。

［14］焦瑾璞、杨骏：《农村金融与小额信贷》，中国金融出版社，2006。

［15］中国人民银行农户借贷情况问卷调查分析小组：《农户借贷情况问卷调查分析报告》，经济科学出版社，2009。

［16］刘锡良、罗继东：《市场化进程中农村金融改革与发展》，西南财经大学出版社，2008。

［17］曹力群：《农村金融体制改革与农户借贷行为研究课题报告》，2000。

［18］高铁梅：《计量经济分析方法与建模》，清华大学出版社，2006。

［19］何梦笔（德）、冯兴元、何广文：《试论中国农村金融组织机构的多元化》，www. crcpp. org，2002。

［20］汪三贵等：《贫困农户信贷资金的供给与需求》，中国农业出版社，2001。

［21］何广文、李莉莉：《贵州铜仁地区农户金融需求研究》，亚洲开发银行对中国农村金融改革提供的技术援助项目 TA PRC 4430 研究报告，2005 – 09 – 05。

［22］何广文：《从农村居民资金借贷行为看农村金融抑制与金融深化》，载《中国农村经济》，1999（10）。

［23］何广文：《中国农村经济金融转型与金融机构多元化》，载《中国农村观察》，2004（2）。

［24］李莉莉：《正规金融机构小额信贷运行机制及其绩效评价》，中国农业大学博士论文，2005。

［25］李锐、李宁辉：《农户借贷行为及其福利效果分析》，载《经济研究》，2004（12）。

［26］史清华、陈凯：《欠发达地区农民借贷行为的实证分析》，载《农业经济问题》，2002（10）。

［27］颜志杰等：《中国农户借贷特征及影响因素分析》，载《农业技术经济》，2005（2）。

［28］周天芸、李杰：《农户借贷行为与中国农村二元金融结构的经验研究》，载《世界经济》，2005（11）。

［29］周小斌、耿洁、李秉龙：《影响中国农户借贷需求的因素分析》，载《中国农村经济》，2004（8）。

［30］官兵：《分工视角：中国农村金融发展理论分析》，载《现代财经》，2006（1）。

［31］刘卫锋：《基于农户融资需求视角的农村金融制度创新研究》，载《经济纵横》，2009（2）。

［32］汇丰—清华中国农村金融发展研究项目组：《现状：农村金融需求与供给》，载《中国农村信用合作》，2007（5）。

［33］张杰：《农户、国家与中国农贷制度：一个长期视角》，载《金融研究》，2005（2）。

［34］曹协和：《农村金融理论发展主要阶段评述》，载《财经科学》，2008（11）。

［35］季凯文、武鹏：《农村金融深化与农村经济增长的动态关系》，载《经济评论》，2008（4）。

［36］方阳娥、鲁靖：《农户特征、金融结构与我国农村经济发展的金融支持》，载《南京审计学院学报》，2006（3）。

［37］屈小博、钟学军、霍学喜：《传统农区农户借贷的需求与供给》，载《西北农林科技大学学报（社科版)》，2005（2）。

［38］杜晓山：《商业化、可持续小额信贷的新发展》，载《中国农村经济》，2003（10）。

［39］杜晓山：《印度小额信贷的发展及借鉴》，载《现代经济探讨》，2005（5）。

［40］杜晓山：《中国农村小额信贷的实践尝试》，载《中国农村经济》，2004（8）。

［41］何敏峰：《完善农户小额信用贷款制度的政策建议》，载《金融实务》，2005（6）。

［42］焦瑾璞：《农村金融向何处去》，载《财经》，2006（3）。

［43］刘民权、徐忠：《农信社改革和政府的职能》，载《经济学》，2003（4）。

［44］史晓峰：《对内蒙古项目小额贷款的思考》，载《内蒙古农业大学学报》，2005（4）。

［45］孙若梅：《小额信贷与农民收入》，中国经济出版社，2005。

［46］汪三贵等：《中国的小额信贷》，载《农村经济问题》，1998（4）。

［47］汪三贵：《中国小额信贷可持续发展的障碍和前景》，载《农村经济问题》，2000（12）。

［48］吴国宝：《中国小额信贷扶贫研究》，中国经济出版社，2001。

［49］吴国宝：《小额信贷对中国扶贫和发展的贡献》，载《金融与经济》，2003（11）。

［50］吴晓灵：《为小额信贷发展创造良好的社会环境》，吴晓灵副行长在亚太地区小额信贷论坛的演讲，中国人民银行网站。

［51］谢平：《中国农村信用合作社体制改革的争论》，载《金融研究》，2001（1）。

［52］谢平、徐忠：《公共财政、金融支农与农村金融改革：基于贵州省及其样本县的调查分析》，载《经济研究》，2006（4）。

［53］熊德平：《农村小额信贷：模式、经验与启示》，载《财经理论与实践》，2005（134）。

［54］张勇：《孟加拉小额信贷模式的最新发展》，载《中国农村经济》，2003（6）。

［55］郑振东、杨智斌：《农户小额信贷可持续发展的经济学分析》，载《河北经贸大学学报》，2005（1）。

［56］中国人民银行小额信贷专题组：《小额贷款公司手册》，中国金融出版社，2006。

［57］周小川：《关于农村金融改革的几点思路》，载《经济学动态》，2004（8）。

［58］张雪春：《政府定位和农村信用社改革》，中国农村金融改革

研讨会资料，亚洲开发银行，2005。

[59] 陆磊：《以行政资源和市场资源重塑三层次农村金融服务体系》，载《金融研究》，2003（6）。

[60] 谢平、徐忠、程恩江、沈明高：《建立可持续的农村金融框架：中国农村金融需求与供给研究》，亚洲开发银行，2005 。

[61] 韩俊：《推进农村金融体制的整体改革》，载《中国金融》，2003（17）。

[62]《中共中央关于推进农村改革发展若干重大问题的决定》，2008。

[63] 国务院扶贫办：《扶贫发展纲要简明手册》，2007。

[64] 成思危：《我国农村金融的发展历程及面临的挑战》，www. crifs. org. cn，2008 – 04 – 22。

[65] 王瑱：《我国贫困地区农村金融存在问题和改革思路探析》，载《生产力研究》，2009（24）。

[66] 王瑱：《农户借贷意愿的基本特征》，载《中国金融》，2009（20）。

[67] 张红伟、李太后：《基于金融抑制视角的我国农村金融改革及创新研究》，载《西南民族大学学报（人文社科版）》，2010（2）。

[68] 汪小亚：《掌握需求特点 改善农户金融服务——基于2万户样本"农户借贷情况问卷调查"的分析》，载《中国金融》，2009（20）。

[69] 陈鹏：《影响农户借贷行为的主要因素》，载《中国金融》，2009（20）。

[70] 曾学文、张帅：《我国农户借贷需求影响因素及差异性的实证分析》，载《统计研究》，2009（11）。

[71] 战明华、许月丽：《农村工业化、农户分层与农信社改革绩效——来自浙江面板数据的证据》，载《财经研究》，2009（6）。

[72] 汪小亚：《加快农村金融改革 改善农村金融服务》，载《中国金融》，2010（5）。

[73] 杨红、张成翠：《我国农村金融机构小额信贷问题探讨》，载

《农业经济》，2010（10）。

[74] 曹丽萍：《农村信用社小额信贷问题初探》，载《经济研究导刊》，2009（20）。

[75] 臧景范：《有效提升农村金融服务质量和水平》，载《中国金融》，2010（5）。

[76] 陶小平、王月然：《浅析我国农村小额信贷存在的问题及对策》，载《中国经贸导刊》，2010（4）。

[77] 汪小亚、帅旭：《积极推广农村小额信用贷款》，载《中国金融》，2010（16）。

[78] 张艳花：《地方政府融资平台风险：化解与反思》，载《中国金融》，2010（16）。

[79] 马凌：《小额信贷在我国的发展及对策选择》，载《中国乡镇企业会计》，2008（9）。

[80] 王佐：《减贫事业的重要举措——发展小额信贷》，载《科学决策》，2005（12）。

[81] 吴明飞、李阳：《农村小额信贷业务发展中存在的问题及对策》，载《黑龙江金融》，2007（1）。

[82] 中国人民银行湘西州中心支行课题组：《湖南省西部地区小额信贷案例研究》，载《金融经济》，2008（8）。

[83] 汪小亚：《关于农村土地经营权抵押贷款问题的研究》，载《中国金融》，2009（9）。

[84] 罗叶：《论中国特色农村土地产权制度——兼论农民土地承包经营权从物权化向资本化的转移》，载《当代经济研究》，2009（6）。

[85] 武翔宇：《关于促进农村土地经营权抵押贷款发展的若干建议》，载《农业经济》，2010（11）。

[86] 王曙光：《在欠发达地区构建多层次的农村金融体系——黔西南州调研》，载《银行家》，2010（2）。

[87] 王曙光：《中国农村金融的草根试验》，载《中国农村金融》，2010（7）。

［88］王曙光、王东宾：《农民资金互助：运行机制、产业基础与政府作用》，载《农村经营管理》，2010（8）。

［89］王曙光：《中国农民信用合作的草根实践》，载《中国农民合作社》，2010（7）。

［90］王曙光：《论新型农民合作组织与农村经济转型》，载《北京大学学报（哲学社会科学版）》，2010（3）。

［91］杜晓山、刘文璞、任常青、孙同全：《小额信贷：中小商业银行拓展市场空间的方向——以哈尔滨银行战略转型为小额信贷银行为例》，载《农村金融研究》，2009（5）。

［92］余春山：《我国农村信用社农户联保贷款实施现状及对策探析》，苏州大学硕士论文，2010。

［93］唐红娟、李树杰：《农户联保贷款的运行机制及其实践分析》，载《金融理论与实践》，2008（6）。

［94］任常青：《价值链融资及其对农村信用社扩展金融服务的启示》，载《中国农村信用合作》，2009（7）。

［95］孙斌、朱霞：《完善我国农村信用社服务体系研究》，载《云南财经大学学报（社会科学版）》，2009（2）。

［96］孙保营：《农村金融在支农服务中的问题及对策研究——基于新制度经济学的分析视角》，载《金融理论与实践》，2009（6）。

［97］李明贤、周孟亮：《我国小额信贷公司的扩张与目标偏移研究》，载《农业经济问题》，2010（12）。

［98］杜晓山：《我国小额信贷发展报告》，载《农村金融研究》，2009（2）。

［99］武宏波：《民办小额信贷组织的运作与启示——基于山西临县扶贫基金会的案例分析》，载《金融发展研究》，2009（9）。

［100］亓坤、梁洁：《现阶段农信社农户小额信贷问题与对策》，载《商业文化（学术版）》，2010（1）。

［101］舒歆：《农村小额信贷问题研究——以河南省洛宁县为例》，载《金融理论与实践》，2010（2）。

中国农村小额信贷发展路径研究

［102］向宇：《我国农村小额信贷发展问题反思》，载《西南民族大学学报（人文社科版）》，2010（2）。

［103］焦莹：《基于改进的综合评价方法的农村小额信贷用户风险评估》，载《现代商业》，2010（2）。

［104］陶小平、王月然：《浅析我国农村小额信贷存在的问题及对策》，载《中国经贸导刊》，2010（4）。

［105］马忠富：《中国农村信用合作社的信息不对称问题分析》，载《中国农村观察》，2001（2）。

［106］焦瑾璞：《中国小额信贷的任务和发展愿景》，载《中国金融》，2010（9）。

［107］何明生、帅旭：《融资约束下的农户信贷需求及其缺口研究》，载《金融研究》，2008（7）。

［108］何广文：《中国的小额信贷需求分析》，载《西南金融》，2008（4）。

［109］杜晓山：《小额信贷与普惠金融体系》，载《中国金融》，2010（10）。

［110］汤敏：《如何加快普惠型金融发展》，载《中国金融》，2010（10）。

［111］唐赛、程雪松：《中国农村金融生态环境优化研究》，载《理论探讨》，2009（1）。

［112］黄忆寒：《农户小额信贷的风险及其防范——以江苏农村信用社为例》，载《农村金融研究》，2010（3）。

［113］朱长锁：《农户小额信贷风险管理探析》，载《现代金融》，2010（1）。

［114］王爱俭、吴敬、林文浩：《我国农村小额信贷现存问题与发展策略》，载《中国农村金融》，2010（2）。

［115］高晓燕、刘欢、李延军：《我国农村小额信贷的构建原则与发展路径》，载《中央财经大学学报》，2010（6）。

［116］陶永诚：《小额信贷运行机制研究——基于小额信贷正规化

的思考》，载《中央财经大学学报》，2010（1）。

［117］姜美善：《小额信贷机构所有权形式、管理与绩效分析——文献综述与引申》，载《金融理论与实践》，2010（4）。

［118］朱辉：《农村金融制度创新的路径选择》，载《中国财政》，2010（20）。

［119］孙志军：《农村金融需求变化特征与金融产品创新策略》，载《金融理论与实践》，2009（5）。

［120］彭建刚、李关政：《我国金融发展与二元经济结构内在关系实证分析》，载《金融研究》，2006（4）。

［121］刘青：《浅议农村金融面临的困境与对策》，载《中国农村金融》，2010（3）。

［122］汪三贵：《中国特色反贫困之路与政策取向》，载《毛泽东邓小平理论研究》，2010（4）。

［123］McKinnon, R. I.. Money and Capital in Economic Development, The Brookings Institution, Washington, D. C. , 1973.

［124］Shaw, E. S.. Financial Deepening in Economic Development, Oxford University Press, 1973.

［125］Boon, Han. Worldwide Landscape of Postal Financial Services (Middle East and North African Region), The Role of Postal Networks in Expanding Access to Financial Services. Amsterdam, Unpublished Paper, 2004. 6.

［126］Charitonenko, Stephanie. Commercialization of Microfinance. The Philippines, Manila, Asian Development Bank, 2003.

［127］Christen, Rosenberg and Jayadeva. Financial Institutions with a "Double Bottom Line", Occasional Paper No. 8, CGAP, 2004. 7.

［128］Duursma, Marjan. Community – Based Microfinance Models in East Africa. SNV – Tanzania, Hivos and FACET (Financial Assistance, Consultancy, Entrepreneurship and Training), 2004.

［129］Eschborn. Regulatory Requirement for Microfinance: A comparison of Legal Frameworks in 11 Countries Worldwide, 2003.

[130] Harper, Malcom, and Sukhwinder Singh Arora. Small Customers, Big Market: Commercial Banks in Microfinance. London: ITDG Publishing, and New Delhi: TERI, 2005.

[131] Hans Dieter Seibel. History matters in microfinance, Small Enterprise Development – An International Journal of Microfinance and Business Development, Vol. 14, No. 2: pp. 10 – 12, June 2003.

[132] Jacques Trigo Loubiere, Patricia Lee Devaney and Elisabeth Rhyne. Supervising & Regulating Microfinance in the Context of Financial Sector Liberalization – Lessons from Bolivia, Colombia and Mexico, Report to the Tinker Foundation, 2004. 8.

[133] Jazayeri, Ahmad: Concept and Some Lessons Learnt. Financial Services Association (FSA), 2000.

[134] Ledgerwood, Joanna: Microfinance Handbook. World Bank, Washington, D. C. , 1998.

[135] Ndii, David. Role and Development of Microfinance and Savings and Credit Cooperatives in Africa, African Stock Exchanges Association Conference, Nairobi, 2004.

[136] Overview of the Outreach and Financial Performance of Microfinance Institutions in Africa, MBB Issue No. 12, Focus on MFI Performance by Region, 2006.

[137] Pytkovska, Justyna. Overview of the Microfinance Industry in the ECE Region in 2003, Microfinance Centre, Poland, 2004.

[138] Srivastava, Pradeep, and Priya Basu. Scaling – up Access to Finance for India's Rural Poor. Washington, D. C. : World Bank, 2004.

[139] Tor Jansson, Mark Wenner. Financial Regulation and Its Significance for Microfinance in Latin America and the Caribbean, Washington D. C. , Dec. 1997.

[140] Praful Patel. Microfinance in South Asia: Today and Tomorrow,

2005. 12.

[141] Blaine Stephens, Hind Tazi, Syed Mohsin Ahmed, Sa – Dhan, Prahlad Mali, Syed Mohsin Ahmed, Indrajith Wijesiriwardana, Anura Athapattu. Performance and Transparency: A Survey of Microfinance in South Asia, 2006. 1.

[142] The Role of Central Banks in Microfinance in Asia and the Pacific, Asia Development Bank, 2000.

[143] Honiara, Sucessful. Microfinance in the Pacific: Achieving Financial Inclusion, 2006. 7.

[144] Justyna Pytkowska, Ewa Bańkowska. 2004 Microfinance Sector Development in Eastern Europe and Central Asia (ECA), 2005.

[145] Report and Recommendation of the President to the Board of Directors on a Proposed Loan and Technical Assistance Grant to the Republic of thePhilippines for the Microfinance Development Program, Asian Development Bank, 2005. 10.

[146] Assessment of Loans Provided by the Social Fund for Development through the Enterprise Development Program and the Community Development Program, Report Submitted to the Social Fund for Development, Cairo, Egypt, 1999.

[147] Farrukh Iqbal, Nagwa Riad. Commercial Microfinance in Egypt, The Case of the National Bank for Development, 2004.

[148] Alberto Garbero. A Case Study, "Micro Finance at the University" Project, Alexandria Business Association, 2005.

[149] Rani Deshpande, Mark Pickens. Country – Level Savings Assessment, Uganda, 2006. 4.

[150] Alfred Hannig and Edward Katimbo – Mugwanya: How to regulate and supervise microfinance? —key issues in an international perspective, 2000.

[151] Ruth Goodwin – Groen, Till Bruett, Alternative, Alexia Latortue.

Uganda Microfinance Sector Effectiveness Review, 2004. 10.

［152］ Nyamaa Togtokhbariyl. Microfinance Regulation and Supervision in Mongolia, Central Bank of Mongolia, 2007. 11.

［153］ Magdy Moussa. Regulation and Supervision of Microfinance in E-gypt, Planet Finance – Middle East and North Africa (MENA) Region, 2007. 1.